诚信

中华文化的做人准则

总主编 翟 博

分册主编 党怀兴

中国大百科全书出版社

图书在版编目（CIP）数据

中华优秀传统文化教育读本. 诚信/翟博主编；党怀兴分册主编.
—北京：中国大百科全书出版社，2020.6

ISBN 978-7-5202-0726-3

Ⅰ. ①中… Ⅱ. ①翟…②党… Ⅲ. ①中华文化—青少年读物
Ⅳ. ① K203-49

中国版本图书馆 CIP 数据核字（2020）第 048581 号

出 版 人　刘国辉
策 划 人　曾　辉
责任编辑　盛　力
封面设计　许　烈
责任印制　常晓迪
出版发行　中国大百科全书出版社
地　　址　北京市阜成门北大街 17 号　　　邮政编码　100037
电　　话　010-88390636
网　　址　http://www.ecph.com.cn
印　　刷　保定市铭泰达印刷有限公司
开　　本　880 毫米 ×1230 毫米　　1/32
印　　张　7.875
字　　数　168 千字
印　　次　2020 年 6 月第 1 版　2021 年 8 月第 3 次印刷
书　　号　ISBN 978-7-5202-0726-3
定　　价　39.00 元

本书如有印装质量问题，可与出版社联系调换。

《中华优秀传统文化教育读本》
编写委员会

目录

‖ 序一 >>>

张岂之

　　《中华优秀传统文化教育读本》丛书经过几位作者的不懈努力，终于和读者见面了。这是一件值得祝贺的事。

　　深入学习、宣传、普及中华优秀传统文化，已经成为全社会的共识，我们现在要做的一项重要工作，就是要在具体落实上多下功夫。2017年1月，中共中央办公厅、国务院办公厅印发《关于实施中华优秀传统文化传承发展工程的意见》（以下简称《意见》），要求着重研究和宣传中华优秀传统文化的核心思想观念，宣传中华传统美德，发扬中华人文精神。《意见》提出："把中华优秀传统文化全方位融入思想道德教育、文化知识教育、艺术体育教育、社会实践教育各个环节。"这套丛书的出版，可以看作是落实中央精神的具体体现。

在目前众多的中华优秀传统文化普及性图书中，这套丛书有两个鲜明特色：

其一，对中华优秀传统文化的概括论述比较全面。中华文明有五千年的历史传统，对于青少年和初学者而言，首先要把握精华，然后再逐步深入。这套丛书，按照习近平总书记提出的"讲仁爱、重民本、守诚信、崇正义、尚和合、求大同"展开论述，精准全面，把儒家的核心精神概括进去了，具有一定的系统性。

其二，这套丛书在编排设计上，将理论阐发、经典介绍、历史故事综合编排，这样既符合青少年的学习认知规律，也避免枯燥生硬，具有可读性。

这套丛书的出版，开了一个好头，我相信一定会有较好的社会效益。在这里，我也想借此机会对年轻的读者朋友提两点参考意见。

首先，中国的传统文化博大精深，对于青年人而言，有必要循序渐进，以便逐步全面把握、深入理解。以先秦诸子为例，除儒家外，还有阴阳家、墨家、名家、法家、道家、兵家、杂家、纵横家、农家、小说家等，号称百家之学，其中蕴藏着丰富的内容，有待于今人"取其精华、去其糟粕"。现代文学家朱自清先生，为青年人写的《经典常谈》，就包括诸子百家的哲学，《左传》《国语》《史记》《汉书》的史学，辞赋诗文的文学。可喜的是，这些内容在这套丛书中可以略见一二。

其次，在学习方法上，提倡学思结合，知行结合。《中庸》说："博学之，审问之，慎思之，明辨之，笃行之。"把学问思辨行融贯为一个整体；把学得的知识落实到个人素质的培养锻炼中，落实到认识和改造社会的实践中。这样有助于把对中华优秀传统文化的学习成果奉献给社会，从而更好地实现其现代价值和意义。

我与这套丛书的主编翟博先生相识多年，他青年时代在西安求学，研究生毕业后一直从事教育工作，现在担任中国教育报刊社的领导。多年来他在推动中华优秀传统文化的普及宣传方面，做了很多具体切实的工作。他邀我为这套丛书写几句话，我乐于撰稿。希望这套丛书能得到读者朋友们的欢迎，并期盼大家多提宝贵意见，以便大力促进中华优秀传统文化在当今社会的普及和提高。

‖ 序二 ≫>

楼宇烈

习近平总书记将中国传统文化的精神用"仁爱、民本、诚信、正义、和合与大同"进行总结，不仅具有高度的概括性，同时也具有极强的时代性与人类共性。

从今天人类面临的生态危机、道德危机、不可持续危机以及人类异化危机等来看，西方商业文化不具有普世价值，而中国传统农耕文化中的"仁爱、民本、诚信、正义、和合、大同"等价值观使人类与自然及人类自身产生了和谐，反而使人类具有了和谐与可持续的未来。

也因此说中国传统文化具有天下性、道德性、社会主义性。天下性，在于思考问题的全局性。它不局限于从自身、自家思考问题，也不局限于从企业方面思考问题，甚或不局限于从国家方面思考问题，而是从人类、世界、众生、宇宙之广度思考问题，总之从宇宙至健之无比广大的秩序思考问题。现在西方文化主流思想是围绕资本利益的，至多在于为资本利益集团之联合体服务，至于占绝大多数的工人阶级以及广大民众的利益则只是敷衍，其工具性很强，这与中国故有之"仁爱、民本"思想格格不入。

道德性，在于将道德贯穿于文化的各类形式之中。政治之道德性表现为政治伦理化；法律之道德性在于法律要与正义相吻合；经济之道德性在黜奢崇俭、贵义贱利，还有不伤害三农；教育之道德性在于培养以德为主的德智体美劳兼备之才；军事之道德性在于出师有名，以防御为主，不首先侵略他国；等等。

社会主义性，在于"民本""仁爱""大同"；在于"以人民为中心"；在于"不患寡而患不均"；在于"耕者有其田"；在于以家庭为单位按照人口多寡分配的土地分配制度，虽此制度性质为私有制，但分配是平均的，是为民制"恒产"；同时，在家庭内部财产是共有的，这种共有制应该说具有社会主义性，将此家庭共有推扩至朝廷，则为天下为公。

古代政权在形式上表现为天下一姓，其实呢？能继位者只有一人，大多数人皆变为平民。与此同时，任贤为要，绝不以与皇室之近为由而被任为宰相、尚书等。而宰相与六部尚书等，常常来于乡野之家，尤其科举制推行以来，"朝为田舍郎、暮登天子堂"已不是什么新鲜事。

仁爱，是孔子讲的，其要义在人与人相感，你敬我一尺，我敬你一丈；你把我视同兄弟，我同样把你当作兄弟；君以礼待臣，臣子相应以忠侍奉君。当然以直报怨，也是相感之意。以孔子的教导，"己所不欲，勿施于人"是实现仁爱的根本方法，其通在人心。对具体做法而言则是以慈孝始，父慈子孝，父慈为当然之事，子孝也接近当然之事，但较之父慈为难，所以孝成为实现仁爱的基本途径。有孝心，推及兄弟姐妹则为悌，推及夫妻则为义，推及朋友则为信，推及君臣则为忠，于是乎五伦成为实现仁爱的基本方法。天下在五伦的相互感动下而为一家，建立在五伦基础上的制度，自然就是礼制。

民本，就是以百姓的利益为根本，因民之所利而利之，天视自我民视，天听自我民听。用习近平总书记的话说，就是"以人民为中心"。实现民本的途径，在于仁政与王道，具体言之：制民恒产，薄赋敛轻税收，量入为出，打击豪强势力，盐铁专卖，节制私人资本，选贤与能，讲信修睦，使老有所安，壮有所用，少有所怀，女有所归，鳏寡孤独废疾者皆有所养。民本也是实现社会主义理想的根本价值理念。

当然，民本也要求民德的提升，要求勤俭以得之，而非投机取巧以得，更不能依靠赌博贩毒取得财富，也不能靠污染环境发财，等等。今日财富若与道德分离，只讲GDP，不讲取之以义，那么会严重违背民本之价值。

诚信，是以至诚之心，不食言，言行一致，不口是心非，以最大努力践行人生之信条。它也包含西方之契约精神，但不尽相同。西方之契约在于形式上不违约，即使此契约是不合乎道德的、不公平的，甚至是武力强迫的，也应无条件地遵守，如西方列强曾经强加于我国的各类不平等条约，中华人民共和国成立之日即予以废除，此对人民之诚信也，对资本列强之违约也。

因此，诚信具有道德之内核，不仅仅在于"言必行、行必果"，唯"义之所在，则言必行、行必果"。

正义，从文字上考研其中的"正"，其乃会意字，表示前往某地，有远行之义。现在引申义为平正，不偏不斜；还有正心、正直、正确、恰当、公正、纠正等义。

"义"，繁体字为"義"。篆字与繁体字很相似，也属会意字，从羊（祭牲），从我（兵器），表示用兵器宰羊作祭品。義简化为义，原始义是指礼仪，后又改为礼义。所以"义"者，礼也。

若将"正""义"合起来就是以不偏不斜的步伐坚定地沿着礼义之路前进。

在经史子集中，最早用"正义"一词的，大概是荀子。《荀子·正名》说："正利而为谓之事，正义而为谓之行。"意思是说为功利去做叫事业，为道义去做叫德行。从这句话看"正义"的意思就是为道义而行，也就是以道义为奋斗的目标。在《荀子·儒效》中还有："不学问，无正义，以富利为隆，是俗人者也。"这里的"正义"是道德的意思，或者指以道德为行为标准之义。

正义确实有恰当行为的意思，或者有恰当的道德要求、有礼义的意思，所以对于道德要实事求是，以大众之普遍性为原则，不可陈义太高，陈义太高则弄虚作假，形同虚设，不但不能教化人，反而犯造假之错误。释家教化人以因果报应为律，告诫世人行善有好报，此以利导善也！儒家也有"积善之家必有余庆，积不善之家必有余殃"。亦义利合一也。都是将行善之获善报、行恶之获恶报作为教化人的信条，陈义并不高，但较之只言义不言利的效果显然要更大一些。

和合，是一种兼容兼顾，打成一片，从整体看待事物的思维。诸如"天人合一""心物一体""体用一如"等，都是和合思想的体现。其大无外，其小无内，天人相合相感，天即人，人即天；心外无物，物不离心；体用不二，体用不离，物物一太极，事事无碍。西方思想则注重分析，将心与物分离，对心之研究为宗教，对物之认识则为自然科学。而中国则上薄拜神教，下防拜物教，表现为极强的人文主义。体用相分，将道德与制度、义与利相分离，在西方看来，所谓法律、经济、政治等皆为理性工具，法律即规则。而和合观，则首先强调人与人之间应是和谐的关系，其斗争性是在和谐性、统一性之下。因此，人类的斗争武器，其杀伤力不应超出人类的承受力，今日之核武器竞赛，已远远超出人类的承受力，一旦核战争爆发，人类必然走向毁灭。

大同，是人类社会的终极理想。仁爱、民本、诚信、正义、和合价值之推扩就是要求人类最终实现大同的理想。人类像一家人一样，相互敬爱，以礼相待，老吾老以及人之老，幼吾幼以及人之幼，老者安之，少者怀之，朋友信之，四海之内皆兄弟也。正如习近平总书记所讲，人类是一个命运共同体。以中华传统文化的理想讲，就是要实现天下太平。也就是说能坚守仁爱、民本、诚信、正义、和合价值者，以大同为理想者，方可实现人类在全球化背景下"平天下"的理想，或许这就是中华优秀传统文化复兴的使命所在。

因此可以说，习近平总书记讲的"讲仁爱、重民本、守诚信、崇正义、尚和合、求大同"，不仅是中华传统文化的核心思想，也是人类的核心价值观。现将其中的十二字，分别由六位教授编写成六本书，即《仁爱》《民本》《诚信》《正义》《和合》《大同》，不仅对于传播中华传统优秀文化、复兴中华文明有重大的历史意义，而且对于构建一个命运共同体的世界，也极具现实意义。我衷心地希望这六本书在翟博同志的领衔下，能尽快出版，并对社会人心道德发挥巨大的影响。

‖ 导言 >>>

翟 博

    中华优秀传统文化博大精深，凝聚着中华民族自强不息的精神追求和历久弥新的精神财富。党的十八大以来，以习近平同志为核心的党中央高度重视中华优秀传统文化的历史传承和创新发展，从中华民族最深沉的精神追求和最根本的精神基因、独特的精神标识和中华民族精神"根"与"魂"、最宝贵的精神品格和命脉的高度，定位优秀传统文化；从中华民族最基本的文化基因、最深厚的软实力与坚定文化自信的根基和突出优势的高度，继承优秀传统文化；从涵养社会主义核心价值观的重要源泉、实现"两个一百年"奋斗目标和中华民族伟大复兴中国梦的重要精神支撑的高度，弘扬优秀传统文化；从推动中华民族现代化进程的长远战略高度，创新发展优秀传统文化，推进中华优秀传统文化的创造性转化、创新性发展，赋予中华优秀传统文化崭新的时代内涵。习近平总书记在党的十九大报告中指出："文化自信是一个国家、一个民族发展中更基本、更深沉、更持久的力量。""推动中华优秀传统文化创造性转化、创新性发展，继承革命文化，发展社会主义先进文化，不忘本来、吸收外来、面向未来，更好构筑中国精神、中国价值、中国力量，为人民提供精神指引。"[①]党的十九大报告深刻分析了国际国内形势发展新变化，站在新的历史起点，宣示了中国特色社会主义进入新时代，明确了中国特色社会主义的历史方位，形成了习近平新时代中国特色社会主义思想，开启了全面建设社会主义现代化强国的新征程。它指明了党和国家事业前进方向，是我们深入学习习近平新时代中国特色社会主义思想、加强中华优秀传统文化教育的思想指引和行动指南。

习近平总书记关于中华优秀传统文化的一系列重要论述，是习近平新时代中国特色社会主义思想的重要组成部分。加强中华优秀传统文化教育，既是当务之急，也是百年大计、千年大计；既功在当代，也会泽及后世子孙、增进人类福祉。深入学习贯彻习近平总书记关于弘扬中华优秀传统文化重要思想，深刻领会其重要意义、思想内涵和精神实质，对于我们落实立德树人的根本任务，引导青少年增强民族文化自信和价值观自信，坚持道路自信、理论自信、制度自信、文化自信，培育和践行社会主义核心价值观，实现中华民族伟大复兴的中国梦，都具有长远的战略意义和重要

---

① 习近平：《决胜全面建成小康社会 夺取新时代中国特色社会主义伟大胜利——在中国共产党第十九次全国代表大会上的报告》，《人民日报》2017年10月28日。

的时代价值。

加强中华优秀传统文化教育的重大意义

文化是一种精神、一种信念、一种力量，是民族的血脉。中华优秀传统文化，是中华民族的"根"和"魂"，是中华民族精神的标识，是当代中国核心价值观的思想渊源，也是全人类弥足珍贵的精神瑰宝。习近平总书记指出："中国传统文化博大精深，学习和掌握其中的各种思想精华，对树立正确的世界观、人生观、价值观很有益处。"[①]习近平总书记在会见第四届全国道德模范及提名奖获得者时强调，中华文明源远流长，孕育了中华民族的宝贵精神品格，培育了中国人民的崇高价值追求。自强不息、厚德载物的思想，支撑着中华民族生生不息、薪火相传，今天依然是我们推进改革开放和社会主义现代化建设的强大精神力量。习近平总书记的精辟论述阐明了加强中华优秀传统文化教育重大的现实意义和长远的战略意义。

第一，中华优秀传统文化是中华民族安身立命的基础、永续繁衍的血脉、绵延不绝的"根"与"魂"。 中华民族在5000多年连绵不断的文明发展进程中创造了博大精深的优秀文化。习近平总书记在纪念孔子诞辰2565周年国际学术研讨会暨国际儒学联合会第五届会员大会开幕会上的讲话中指出："优秀传统文化是一个国家、一

---

① 习近平：《在中央党校建校80周年庆祝大会暨2013年春季学期开学典礼上的讲话》，《人民日报》2013年3月3日。

个民族传承和发展的根本，如果丢掉了，就割断了精神命脉。"①中华优秀传统文化"体现着中华民族世世代代在生产生活中形成和传承的世界观、人生观、价值观、审美观等，其中最核心的内容已经成为中华民族最基本的文化基因"。加强中华优秀传统文化教育，关系中华民族的"根"之所系与"魂"之所牵。

第二，中华优秀传统文化是中华民族文明史的记录、民族精神的追求和标识。 习近平总书记在会见第七届世界华侨华人社团联谊大会代表时指出："中华文明有着5000多年的悠久历史，是中华民族自强不息、发展壮大的强大精神力量。"②习近平总书记还指出："中华文化源远流长，积淀着中华民族最深层的精神追求，代表着中华民族独特的精神标识，为中华民族生生不息、发展壮大提供了丰厚滋养。"③加强中华优秀传统文化教育，关系中华民族的生存与发展。

第三，中华优秀传统文化是中华民族共同培育的民族精神的重要源泉。 习近平总书记在第十二届全国人民代表大会第一次会议闭幕会上的讲话中指出："中华民族具有5000多年连绵不断的文明历史，创造了博大精深的中华文化，为人类文明进步作出了不可磨灭的贡献。经过几千年的沧桑岁月，把我国56个民族、13亿多人紧紧

---

① 习近平：《在纪念孔子诞辰2565周年国际学术研讨会暨国际儒学联合会第五届会员大会开幕会上的讲话》，《人民日报》2014年9月25日。

② 习近平：《在会见第七届世界华侨华人社团联谊大会代表时的讲话》，《人民日报》2014年6月7日。

③ 习近平：《在中共中央政治局第十三次集体学习时的讲话》，《人民日报》2014年2月26日。

凝聚在一起的，是我们共同经历的非凡奋斗，是我们共同创造的美好家园，是我们共同培育的民族精神，而贯穿其中的、更重要的是我们共同坚守的理想信念。"①加强中华优秀传统文化教育，关系中华民族共同坚守的理想信念。

第四，中华优秀传统文化是中华民族和中华儿女文化自信的重要根基。中华优秀传统文化是我们最深厚的文化软实力，是我们文化发展的母体，积淀着中华民族最深沉的精神追求。文化自信是一个民族、一个国家和一个政党对自身文化价值的充分肯定和积极践行，并对其文化生命力持有的坚定信心。习近平总书记提出："我们说要坚定中国特色社会主义道路自信、理论自信、制度自信，说到底是要坚定文化自信。文化自信是更基本、更深沉、更持久的力量。"②这既昭示了文化自信具有的更加突出位置，也指明了加强中华优秀传统文化教育的紧迫性和重要性。

第五，中华优秀传统文化是当代中国实现国家现代化的重要保证。任何国家的现代化都是以其文化传统和价值观作为指导的。现代化中最重要的是人的现代化。我们高兴地看到，为响应习近平总书记的号召，落实社会主义核心价值观和加强中华优秀传统文化教育，由教育部统一组织编写的义务教育道德与法治、语文、历史三科教材，已在全国中小学起始年级投入使用。可以预期，在广大青

---

① 习近平：《在第十二届全国人民代表大会第一次会议闭幕会上的讲话》，《人民日报》2013年3月18日。

② 习近平：《在哲学社会科学工作座谈会上的讲话》，《人民日报》2016年5月19日。

少年中加强中华优秀传统文化教育，对于当前和未来推动我国社会主义现代化事业必将产生明显而深远的影响。

第六，中华优秀传统文化是构建人类命运共同体的重要助力。党的十八大以来，习近平总书记多次论述过"人类命运共同体"的问题，并明确提出了"构建人类命运共同体，实现共赢共享"的中国方案。质言之，中华优秀传统文化中"天人合一"的哲学思想、"和而不同"的文化理念与"协和万邦""万国咸宁""天下为公""天下大同"的政治愿景，都与通过发展合作、实现共赢共享为核心的新型国际关系来构建人类命运共同体，有着密切的内在联系。

综上所述，加强中华优秀传统文化教育，是建设中华优秀传统文化传承体系、推动文化传承创新的重要途径。当今世界，文化在综合国力竞争中的地位和作用更为凸显，越来越成为民族凝聚力和创造力的重要源泉。当前，世界多极化、经济全球化深入发展，国内经济社会转轨转型，深刻变革，现代传播技术迅猛发展，世界范围内各种思想文化的交流、交融、交锋更加频繁，社会思想观念日益活跃。习近平总书记指出："中华优秀传统文化是中华民族的精神命脉，是涵养社会主义核心价值观的重要源泉，也是我们在世界文化激荡中站稳脚跟的坚实根基。"[1]加强中华优秀传统文化教育，是建设社会主义文化强国的重大战略任务，对于更好地传承中华文脉、全面提升人民文化素养、维护国家文化安全、增强国家文化软

---

[1] 习近平：《在文艺工作座谈会上的讲话》，《人民日报》2015年10月15日。

实力，持续推进国家治理体系和治理能力现代化都具有重要意义；对于促进世界和平、友好、发展，减少和化解生态危机、不同文明之间和国与国之间等的矛盾冲突，也都有越来越大的隐性和显性的国际意义。

中华优秀传统文化的核心思想理念

中华优秀传统文化是中华民族语言习惯、文化传统、思想观念、情感认同的集中体现，凝聚着中华民族普遍认同和广泛接受的道德规范、思想品格和价值取向，具有极为丰富的思想内涵。习近平总书记在中共中央政治局第十三次集体学习时指出，深入挖掘和阐发中华优秀传统文化讲仁爱、重民本、守诚信、崇正义、尚和合、求大同的时代价值，使中华优秀传统文化成为涵养社会主义核心价值观的重要源泉。①

"讲仁爱、重民本、守诚信、崇正义、尚和合、求大同"，是中华优秀传统文化中思想道德、政治理念、价值追求、人格修养、独特品质、社会理想的精华，是中华传统美德和民族精神的高度概括，集中体现了中华民族的传统核心价值观。加强中华优秀传统文化教育，必须围绕这一核心思想理念，逐步展开，不断深化，与时俱进。

仁爱：中华文化的核心力量。思想道德建设是中华优秀传统

---

① 习近平：《在中共中央政治局第十三次集体学习时的讲话》，《人民日报》2014年2月26日。

文化的核心力量。中国人崇奉以儒家"仁爱"思想为核心的道德规范体系，讲求和谐有序，倡导仁义礼智信，追求"修身、齐家、治国、平天下"全面的道德修养和人生境界，崇尚"己所不欲，勿施于人""己欲立而立人，己欲达而达人"的"仁爱"原则。加强中华优秀传统文化教育，就是要在全社会，特别是在广大青少年中开展以仁爱共济、立己达人为重点的社会关爱教育。

民本：中华文化的价值追求。民本是中国古代政治思想的基本理念。孟子曰："民为贵，社稷次之，君为轻。"仁民爱物的仁爱精神、以民为本的人文精神、深厚绵长的家国情怀等，集中体现了中华优秀传统文化的人民性，反映了广大人民群众的基本价值追求。

诚信：中华文化的做人准则。诚信既是个人的立身之本，也是一个民族、一个国家的生存之基。"言必信，行必果"是中国人待人处事的人生哲理。加强中华优秀传统文化教育，就是要开展以诚实守信、正心笃志、崇德弘毅为重点的人格修养教育。

正义：中华文化的道德原则。正义是人立身处世的根本，体现了社会的整体利益与个人的人格尊严。公平正义历来是人类孜孜以求的社会理想，中华民族是崇尚公平与道义的民族。

和合：中华文化的独特品质。爱国主义的民族深情、团结统一的价值取向、贵和尚中的思维模式、厚德载物的博大胸怀等，是中华民族精神的基本内容，彰显了中华优秀传统文化的特质。

大同：中华文化的社会理想。"大同"是古人最高的社会政治理想，激励了一代代仁人志士为其矢志不渝，奋斗不息，"大同"

理想是中国梦的文化根基。习近平总书记指出："实现中华民族伟大复兴的中国梦，就是要实现国家富强、民族振兴、人民幸福，既深深体现了今天中国人的理想，也深深反映了我们先人们不懈奋斗追求进步的光荣传统。"①

因此，加强对中华优秀传统文化的挖掘与阐发，把超越时空、跨越国度、富有永恒魅力、具有当代价值的独特文化精神发扬光大，努力实现对中华优秀传统文化的创造性转化、创新性发展，是历史和时代赋予我们的神圣职责和重大任务，也是实现伟大的中国梦的必然要求和现实需要。

中华优秀传统文化的基本功能、思想精华和时代价值

中华优秀传统文化有其独特的价值观和价值体系。习近平总书记在北京大学师生座谈会上的讲话中指出："中华优秀传统文化已经成为中华民族的基因，植根在中国人内心，潜移默化影响着中国人的思想方式和行为方式。今天，我们提倡和弘扬社会主义核心价值观，必须从中汲取丰富营养，否则就不会有生命力和影响力。"②这种独特的价值体系，是中华优秀传统文化的核心与灵魂，是新时期中华民族共同价值观的感召力、影响力、凝聚力的集中体现。加

---

① 习近平：《在第十二届全国人民代表大会第一次会议闭幕会上的讲话》，《人民日报》2013年3月18日。

② 习近平：《青年要自觉践行社会主义核心价值观——在北京大学师生座谈会上的讲话》，《人民日报》2014年5月5日。

强中华优秀传统文化教育必须深刻理解和认识中华优秀传统文化的基本功能、思想精华和时代价值。

第一，深刻认识中华优秀传统文化的基本功能。中华优秀传统文化对化解人类面临的矛盾冲突及人生面临的困难、困惑，能够提供强大而有益的精神滋养和价值影响。在现代社会，人类主要面临着五大冲突，即人与人、人与自然、人与社会、人与自我心灵以及不同文明之间的冲突。这五大冲突也造成了人类生态、社会、道德、精神和价值的五大危机。解决这些冲突、危机与人生面临的困难、困惑，很难从西方文化中找到方案。因为西方文化的价值追求是以自我为中心的，而中华优秀传统文化所关注的是人与人、人与自然、人与社会、人与自我心灵世界的和谐关系，和谐是中国优秀传统文化的最高准则。中华优秀传统文化是"天人合一"之学、人际和谐之学、身心平衡之学、生命存在之学、道德践行之学、理想人格之学、内圣外王之学、安身立命之学和人生智慧之学。这是中华优秀传统文化独有的基本功能，也是中华文化为世界发展提供中国方案的根本之所在。

第二，深刻认识中华优秀传统文化的思想精华。中华优秀传统文化具有独特的凝聚力、独特的延续力、独特的传承体系、独特的文化精神、独特的时代价值。从哲学层面上观察，中华优秀传统文化最重要的思想精华体现在以下几个方面：

一是"天人合一"的生命哲学。"天人合一"是中华优秀传统文化的最高境界，其核心就是强调人与自然的和谐统一，表现在人的文化行为上，就是天人合德，强调人类的道德理性与自然生生之德的一致。

二是自强不息的担当精神。《周易》中说："天行健，君子以自强不息。"这是中华民族历经磨难而始终不败的文化精神。中国文化倡导的自强不息、刚健有为精神，既包含积极入世、主动进取的执着追求和担当道义、不屈不挠的社会责任，也包含正直独立人格和主动创造精神等。中华民族之所以能在5000多年的历史进程中饱经沧桑而自强不息，靠的就是这样一种奋发图强、坚韧不拔的精神。

三是和而不同的和谐思想。中华优秀传统文化在价值追求上，主张"和而不同""和实生物，同则不继""万物并育而不相害，道并行而不相悖"的价值取向和智慧。在政治观上，追求民族统一的"大一统"观念，注重"协和万邦"，强调亲仁善邻，在对外关系中始终秉承"强不执弱""富不侮贫"的精神，主张吸纳百家优长、兼集八方精义，注重各民族的团结统一。

四是民惟邦本的民本思想。中华优秀传统文化注重人的价值，强调以民为本，提出"敬德保民""重民轻神""恤民为德""天地之间，莫贵于人""民惟邦本，本固邦宁"等民本思想，主张治国须利民、裕民、养民、惠民，对于缓和社会矛盾、维系社会相对稳定产生了深远的影响。

五是止于至善的崇高追求。中华优秀传统文化在个人理想追求上，主张"修齐治平"。《礼记·大学》中说："大学之道，在明明德，在亲民，在止于至善。""物格而后知至，知至而后意诚，意诚而后心正，心正而后身修，身修而后家齐，家齐而后国治，国治而后天下平。"这种积极向上的个人理想追求，影响着中国一代又一代的仁人志士，修身养性，奋斗不止；追求大同理想，追求"大道之行也，天下为公"的大同社会。

第三，深刻认识中华优秀传统文化的时代价值。 深刻认识中华优秀传统文化的时代价值，是加强中华优秀传统文化教育的前提。中华优秀传统文化是维系中华民族团结奋进的精神纽带。中华优秀传统文化的基本内容主要包括儒、道、佛三大家思想中的精华，儒家思想构成其基本精神和主体框架。中华优秀传统文化融合形成了中华民族独特的向心力、凝聚力和共同的理想信念，熔铸塑造了中华民族的民族精神、思想观念、价值追求，引领、融通、聚合、形成了中华民族强大的文化引导力和精神原动力。

中华优秀传统文化是实现中国梦的精神力量之源。习近平主席指出："没有文明的继承和发展，没有文化的弘扬和繁荣，就没有中国梦的实现。"[1]深刻地指明了弘扬中华优秀传统文化与实现中国梦的关系。实现中国梦，是物质文明和精神文明比翼双飞的发展过程，需要文化旗帜引领、文化精神激励和文化软实力支撑，更需要文化的认同和凝聚。

中华优秀传统文化是建设社会主义核心价值观的重要源泉。党的十八大报告指出："倡导富强、民主、文明、和谐，倡导自由、平等、公正、法治，倡导爱国、敬业、诚信、友善，积极培育和践

---

[1] 习近平：《在联合国教科文组织总部的演讲》，《人民日报》2014年3月28日。

行社会主义核心价值观。"①这一表达分别从国家、社会、公民三个层面阐述了社会主义核心价值观的内涵，是在汲取中华优秀传统文化的丰富营养基础上的发展和完善，是中华优秀传统文化在当代的传承和发扬。培育和弘扬社会主义核心价值观，必须立足于中华优秀传统文化。这是党中央立足国内国际两个大局，站在历史、现实和未来的时空交汇点上高瞻远瞩，对核心价值观教育作出的战略设计、历史定位和对未来发展的方向性指引，是当前培育和弘扬核心价值观的战略出发点和落脚点。

如何加强中华优秀传统文化教育

加强中华优秀传统文化教育，是当前我们面临的重要历史任务和重大时代要求，必须坚持知行合一，即认识与实践相统一、科学性与艺术性相统一、可操作性与可接受性相统一。

第一，加强中华优秀传统文化教育，必须认真学习领悟、深入阐发中华优秀传统文化的思想精华和文化精髓。要讲清楚中华优秀传统文化的历史渊源、发展脉络、基本走向，讲清楚中华文化的独特创造、价值理念、鲜明特色。要处理好继承和创新的关系，实现中华优秀传统文化创造性转化和创新性发展。

第二，加强中华优秀传统文化教育，必须继承和弘扬中华优秀

---

① 胡锦涛：《坚定不移沿着中国特色社会主义道路前进 为全面建成小康社会而奋斗——在中国共产党第十八次全国代表大会上的报告》，《人民日报》2012年11月18日。

传统美德。加强全社会的思想道德建设，激发人们形成善良的道德意愿、道德情感，培育正确的道德判断和道德责任，提高道德实践能力尤其是自觉践行能力，引导人们向往和追求讲道德、遵道德、守道德的生活，形成向上、向善的力量。

第三，加强中华优秀传统文化教育，必须加强爱国主义、集体主义、社会主义教育。坚持以事启人、以情感人、以理服人、以行引人，引导人民群众树立和坚持正确的历史观、民族观、国家观、文化观，不断增强做中国人的骨气、底气和朝气。

第四，加强中华优秀传统文化教育，必须树立文化自觉，增强文化自信和价值观自信。用博大精深、源远流长的中华优秀传统文化滋养自己，让扎根中国大地、具有时代精气神的中华优秀传统文化成为我们实现复兴、走向世界的坚实根基。

第五，加强中华优秀传统文化教育，必须将其贯穿国民教育全过程。特别是在学校教育中，要践行全员育人、全程育人、全方位育人。加强中华优秀传统文化类课程和教材体系建设，在中小学全面开展中华优秀传统文化进教材、进课堂、进头脑工作，在高校开设中华传统文化类课程，为学生提供丰富选择。把中华优秀传统文化全方位融入思想道德教育、文化知识教育、艺术教育、体育、社会实践教育各环节，贯穿于启蒙教育、基础教育、职业教育、高等教育、继续教育各领域。

第六，加强中华优秀传统文化教育，必须充分调动全社会的积极性和创造性。加大宣传教育力度，讲活中国故事。坚持全党动手、全社会参与，把中华优秀传统文化教育的各项任务分解、落实到农村、企业、社区、机关、学校等，形成齐抓共管、共建共学的新局面。

"不畏浮云遮望眼，只缘身在最高层。"中华优秀传统文化是我国全面建成小康社会，加快推进社会主义现代化，实现中华民族伟大复兴中国梦的内驱动力的精神之源，也是中华文化走出去的外驱动力的力量之源。我们坚信，通过加强中华优秀传统文化教育，深入学习习近平总书记教育思想，中华儿女一定会不忘初心，继续前进，求真务实，攻坚克难，为更好地共圆中国梦、造福全人类，作出新的更大的业绩和奉献。

中国的「诚信」文化
及其思想价值

在五千年的历史长河中，中华民族创造了灿烂的文化，形成了一套完整的价值观念和道德规范体系。"仁""义""礼""智""信""温""良""恭""俭""让""廉""耻""勇"等都是这套体系中的基本德目。它们既有所区别，又相连相通，使它们相连相通的就是"信"。"信"是最基本、最普遍的一种美德："夫可与为始，可与为终，可与尊通，可与卑穷者，其唯信乎！"①在传统文化中，"信"为"言之瑞""善之主""德之厚""德之固"。而"无忠信，则如在虚空中行，德何以进？"②意思是只有以"忠信"为前提才能"进德"，"忠信"是修身养性的基础。

作为一种伦理道德，诚信在人们的日常交际和社会生活中都发挥着十分重要的作用。中华民族历来注重人的道德修养，重视塑造理想人格。有的从个人修养和人们日常生活的角度来论述诚信的重要性，如"学者不可以不诚，不诚无以为善，不诚无以为君子。修学不以诚，则学杂；为事不以诚，则事败；自谋不以诚，则是欺其心而自弃其忠；与人不以诚，则是丧其德而增人之怨"③。有的明确指出君臣、父子、夫妻、友人之间相处都离不开诚信，如"天

---

① 高诱注：《吕氏春秋·离俗览·贵信》，上海古籍出版社，2014年，第466页。

② 杨时：《杨时集·余杭所闻》，福建人民出版社，1993年，第274页。

③ 程颢、程颐：《二程集·河南程氏遗书》，中华书局，1981年，第326页。

地有纪矣，不诚则不能化育；君臣有义矣，不诚则不能相临；父子有礼矣，不诚则疏；夫妇有恩矣，不诚则离；交接有分矣，不诚则绝"①。有的明确指出诚信在不同行业中的重要性，如《荀子·王霸篇》中讲的"商贾敦悫无诈"才能"货财通，而国求给"，"百工忠信不楛"才能"器用巧便而财不匮"，"农夫朴力而寡能"才能"百事不废"，②与管子所讲"诚信者，天下之结也"③相得益彰，都是把"诚信"看作联结人们心灵的纽带，人人都讲求诚信的社会才是理想的、和谐的美好社会。

王符有云："忠信谨慎，此德义之基也；虚无谲诡，此乱道之根也。"④品德高尚之人必定是诚实守信之人，而诚信的缺失必定会造成不堪设想的后果。一诺千金，故曾子杀猪教子诚信、商鞅立木建信的故事被传为千古佳话；无诚则享国不永，无信则贻笑大方，故周幽王烽火戏诸侯、孟武伯食言而肥则被后世传为笑柄。

在漫长的文明发展历程中，诚信始终是中华民族的做人准则，发挥着规范人们行为、维系社会秩序的重要作用。如今，诚信依然是社会主义核心价值观的基本内容，诚信是公民道德的基石，既是做人做事的道德底线，也是社会运行的基本条件。现代社会不仅是

---

① 魏徵、虞世南、褚遂良等：《群书治要·体论》，北京理工大学出版社，2013年，第642页。

② 王先谦：《荀子集解·王霸篇第十七》，中华书局，1988年，第149-150页。

③ 黎翔凤撰，梁运华整理：《管子校注·枢言第十二》，中华书局，2004年，第246页。

④ 王符：《潜夫论·务本第二》，河南大学出版社，2008年，第20页。

物质丰裕的社会，也应是诚信有序的社会。诚信是维系社会和谐、促进社会发展的基本准则，是实现中华民族伟大复兴的根本所在。

一、诚、信与诚信渊源

诚信是中华民族传统美德中的核心品德之一。它既是中华民族代代相继的处世之道和修业之本，也是衡量人们行为是非善恶的基本标准。古人非常重视诚信，他们认为"诚于内，信于外"是诚信的最高境界，诚信就是对美好品德的践行。不欺暗室是诚信，言出必行是诚信，急不相弃是诚信，推心置腹等都是诚信。

但是，诚信并非自古以来就是一个完整的独立概念。从《周易》《尚书》《老子》《大学》《中庸》等典籍中可以找到诸多关于"诚""信"以及"诚信"的论述，说明"诚""信""诚信"的观念是逐渐完善、不断丰富的。

（一）何为"诚"？

诚，《说文解字》释为"信也"，说明在汉代，"诚"与"信"含义相同。《广雅》将诚释为"敬也"，《增韵》释为"纯也，无伪也，真实也"。《尚书》有云："鬼神无常享，享于克诚。"①这条记载源于先民对鬼神的祭祀，体现了天道与人道的关系，意思是鬼神并不接受每一个人的祭祀，只有诚心的祭礼，鬼神才肯接纳。这里的"诚"蕴含着"对鬼神虔诚"的敬畏心理，虽然有着浓厚的宗教色彩，但已经具备了"真诚不欺"的基本道德内涵。

《周易》有较多关于"诚"的记载，如"闲邪存其诚"②，即防止邪恶才能保存真诚；又"修辞立其诚"③，发言著论应该坚持真实性。从卦爻辞语境来看，"诚"是殷商时期卜筮文化中巫史应坚持的职业操守，也是修辞过程中应坚持的基本原则。这里的"诚"逐渐脱离宗教神权的色彩，表现出"真实无妄"的人伦道德内涵。思想家和政治家们以天道说人道，开始从哲学和伦理学的范畴来阐释"诚"。

"诚"是万物有序运行的规律。古代思想家积极肯定宇宙自然的存在，并把"诚"视为宇宙的根本属性。《中庸》说："诚者，天之道也；诚之者，人之道也。诚者，不勉而中，不思而得，从容中道，圣人也。"④"诚"是天道的特点，而努力求诚、达到合乎诚的境界则是为人之道，这是以天道规范人道。《孟子》亦认同追求"诚"是人之天性，故云："诚身有道，不明乎善，不诚其身矣。

---

① 李民、王健：《尚书译注·商书·太甲下》，上海古籍出版社，2004年，第134页。

② 朱震：《汉上易传·乾》，九州出版社，2012年，第4页。

③ 朱震：《汉上易传·乾》，九州出版社，2012年，第4页。

④ 王云五、朱经农主编，叶绍钧选注：《礼记·中庸》，商务印书馆，1947年，第187页。

是故诚者，天之道也；思诚者，人之道也。"①又说"反身而诚，乐莫大焉"②，反省自己以达到诚的境界，就是最大的快乐。这样看来，就自然宇宙而言，真实无妄、生生不息是天道的本质特性。而人为宇宙天地所化之物，在遵循天道的前提下才能达到真实无妄的最高境地，实现天人合一，达到圣人的境界。朱熹《中庸·或问》中所说"在天固有真实之理，在人当有真实之功"③，是从哲学角度论述天道之诚，强调践行诚信才是"人之道"。

"诚"是道德之本，是人的一种精神状态和境界。古代思想家非常重视个人的道德品质，把"诚"看作是一个人心灵与意志、理性与情感相结合的修习过程。"诚意"是《大学》的"八条目"之一，也是达到"至善"的基本途径。《大学》有云："古之欲明明德于天下者，先治其国；欲治其国者，先齐其家；欲齐其家者，先修其身；欲修其身者，先正其心；欲正其心者，先诚其意；欲诚其意者，先致其知；致知在格物。"④"意诚而后心正，心正而后身修"，"壹是皆以修身为本"，就是把"诚意"视为修身、齐家、治国之根本。而"所谓诚其意者，毋自欺也。如恶恶臭，如好好色；此之谓自谦，故君子必慎其独也"。⑤究其本意，就是强调个人

---

① 杨伯峻、杨逢彬注译：《孟子·离娄上》，岳麓书社，2000年，第125页。
② 杨伯峻、杨逢彬注译：《孟子·尽心上》，岳麓书社，2000年，第225页。
③ 黎靖德：《朱子语类·中庸三》，中华书局，1985年，第1564页。
④ 王云五、朱经农主编，叶绍钧选注：《礼记·大学》，商务印书馆，1947年，第236页。
⑤ 王云五、朱经农主编，叶绍钧选注：《礼记·大学》，商务印书馆，1947年，第237页。

修养。君子为善弃恶，要"毋自欺"，在独处时也要表里如一，保持内心真诚，不存虚妄，无丝毫杂念，这才是真正的"诚其意"。荀子将人达到"天德"之境的过程看作是"诚"内化于人心的过程，认为只有以诚养心，才能拥有至诚之心，进而变化代兴，达到"天德"之境，故有"君子养心莫善于诚。致诚则无它事矣……，诚心守仁则形，形则神，神则能化矣；诚心行义则理，理则明，明则能变矣。变化代兴，谓之天德"①之论。这都是在强调"诚"是个人修养的基础。

"至诚"是一种最高的境界，只有至诚的人治理天下，才能达到天下大治。《中庸》云："唯天下至诚，为能经纶天下之大经，立天下之大本，知天地之化育。""苟不固聪明圣知达天德者，其孰能知之？"②这些虽然是子思对孔子的赞语，但也是在强调"至诚"之人对稳定社会和治理国家的重要性。"至诚如神"，"祸福将至：善，必先知之；不善，必先知之"，这是讲至诚的功效。荀子将"诚"由"天德"转化为一般意义上的人道，进一步拓展为治国执政之本，故有"夫诚者，君子之所守也，而政事之本也"③之论，从本质上决定了为政的出发点以及役使民众的态度必须是诚信，奠定了以诚为主的民本思想之雏形。

可见，"诚"是一个人自我完善的重要部分，在个人塑造品德

---

① 王先谦：《荀子集解》，中华书局，1988年，第46页。

② 王云五、朱经农主编，叶绍钧选注：《礼记·中庸》，商务印书馆，1947年，第194页。

③ 王先谦：《荀子集解》，中华书局，1988年，第48页。

修养的基础上，进而实现其伦理或政治目标。"诚者自成也，而道自道也。诚者物之终始，不诚无物。是故君子诚之为贵。"[①]说明一切事物的存在皆依赖于"诚"。因此，君子应以实现诚为第一要务。一般人先从局部达"诚"，即"致曲，曲能有诚。诚则形，形则著，著则明，明则动，动则变，变则化，唯天下至诚为能化"[②]，而要达到天人合一、"赞天地之化育"的至诚境界，必须将个人之"诚"与天地之"诚"合而为一，逐步完善。

（二）何为"信"？

信，《说文解字》释曰："诚也。从人，从言。会意。""人言为信"，是说人的言论应当是诚实的。人言有信，这其实就是要求人们讲信用，说过的话要践行。

先秦时期"敬神为信"的天命观，就要求人们对待神灵必须讲信用，有"所谓道，忠于民而信于神也"[③]"牺牲玉帛，弗敢加也，必以信"[④]等记载。先秦时期关于"信"的记载多出现于祭祀、盟誓

---

① 王云五、朱经农主编，叶绍钧选注：《礼记·中庸》，商务印书馆，1947年，第189页。

② 王云五、朱经农主编，叶绍钧选注：《礼记·中庸》，商务印书馆，1947年，第188页。

③ 出版社自编：《春秋左传集解·桓公六年》，上海人民出版社，1977年，第88页。

④ 出版社自编：《春秋左传集解·庄公十年》，上海人民出版社，1977年，第150页。

及缔约之中。《礼记》有云：“约信曰‘誓’，莅牲曰‘盟’。”[1]
诸侯订立彼此信守的条约叫作“誓”，在鬼神的见证下歃血订立书
面条约叫作“盟”。在当时，人们认为受上天和神灵庇佑的盟誓具
有遏制失信毁约的作用，可以消除信任危机。一旦出现不守信的行
为，不守信之人会受到鬼神的惩罚。《诗经》中也有“信誓旦旦”[2]
的诚恳之信，“谓予不信，有如皦日”[3]的盟誓之信等，这些对天望
日歃血的盟誓都具有鲜明的神秘色彩。

在鬼神见证之外，人与人之间也讲求言而有信。《尚书》有
云：“尔无不信，朕不食言。”[4]这句话出自商汤讨伐夏桀的檄文，
意思是希望人们能够相信他说的话，自诺守信。《易经》中的“庸
言之信，庸行之谨”[5]，就是要求人们言而有信、谨言慎行，进而
“闲邪存其诚，善世而不伐，德博而化”，能执中守正，而这是
一般人很难企及的“君德”。《诗经》中还有“乱之又生，君子信
谗”[6]的荒谬之信，《庄子》中所载“尾生抱柱”[7]的故事也体现

---

① 戴圣编：《礼记·曲礼下》，时代文艺出版社，2000年，第17页。

② 朱熹注解，张帆、锋焘整理：《诗经·卫风·氓》，三秦出版社，1996年，
第60页。

③ 朱熹注解，张帆、锋焘整理：《诗经·王风·大车》，三秦出版社，1996
年，第73页。

④ 李民、王健：《尚书译注·商书·太甲下》，上海古籍出版社，2004年，第
105页。

⑤ 朱震：《汉上易传·乾》，九州出版社，2012年，第1页。

⑥ 朱熹注解，张帆、锋焘整理：《诗经·小雅·巧言》，三秦出版社，1996
年，第212页。

⑦ 朱祖延主编，陈业新评析：《庄子·盗跖第二十九》，崇文书局，2004年，
第356页。

了人际交往间要信守承诺等，这些"信"则具备较强的人伦道德内涵，反映出当时社会中确有失信行为。

从"敬神为信"到"盟誓之信"，再到"言而有信"，"信"的指向范围由祭祀活动扩展到现实中的人与人的交际，概而论之，言论与行为相符就是"信"。

儒家将"信"与其核心要义"仁"和"义"联系起来，与政道融合，成为经世致用的政治道德伦理规范；将"信"和"义"等同于"信守诺言"，认为"信近于义"①是人际交往的伦理规范。所以，在儒家思想中，信义是道义、仁义、情义、孝义、侠义、忠义、礼义之基石，与个人的内在修养紧密联系在一起。如荀子十分鄙视没有信用的人，并将其称之为小人，故有"言无常信，行无常贞，唯利所在，无所不倾，若是则可谓小人矣"②之论。诸子也把"信"看作安身、交友、为政的重要原则。"夫轻诺必寡信"③"交游称其信也"④"与朋友交，言而有信"⑤是存在于人际交往中的平等之信，对社会的良好运行有重要支撑作用；"上好信，则民莫

---

① 杨伯峻、杨逢彬注译：《论语·学而第一》，岳麓书社，2000年，第6页。
② 杨倞注，耿芸标校：《荀子·不苟第三》，上海古籍出版社，2014年，第19页。
③ 陈柱选注：《老子·第六十三章》，商务印书馆，1947年，第62页。
④ 崔高维校点：《礼记·曲礼上第一》，辽宁教育出版社，1997年，第2页。
⑤ 杨伯峻、杨逢彬注译：《论语·学而》，岳麓书社，2000年，第3页。

不敢不用情"①"上信而官不敢为邪"②"政令信者强,政令不信者
弱"③都是强调重视诚信、信守承诺是执政者的法宝,是得民心的法
宝,是国之重宝。

(三)何为"诚信"?

通过对"诚""信"两词进行考察,我们发现两者既存在紧密
的联系,又有着细微的区别。从功用上来看,两者均与政道相合,
是治理国家的重要基础。从概念上来看,两者均从个人修养出发,
但传统诚信思想中的"诚"主要指"内诚于心",强调的是不自欺
的态度;而"信"则是"发言之实",它的核心在"外信于人",
更加注重"信守诺言、言行一致"的内涵。

《尔雅》《说文解字》中"诚""信"二字互训,直接反映出
当时的社会主流意识已经视其为一体,当"诚"的不自欺和"信"
的不欺人合为一词,"诚信"就成为人们日常社会生活中的道德规
范和基本准则。而作为道德概念的"诚信",其成形的具体时间却
远早于《尔雅》《说文解字》的成书时间,有人认为是春秋时期,
有人认为是战国时期。

---

① 杨伯峻、杨逢彬注译:《论语·子路第十三》,岳麓书社,2000年,第
118页。
② 商鞅等著,章诗同注:《商君书·垦令第二》,上海人民出版社,1974年,
第4页。
③ 王先谦:《荀子集解·议兵第十五》,中华书局,1988年,第271页。

《逸周书》有云："信诚匡助，以辅殖财"①，"乡党之间，观其信诚"②。这里的"信诚"就是"诚信"，是可见的较早将"诚"和"信"相连使用的记载。孟子认为君子即使在被欺骗的情况下，也要真诚地对待对方，才能达到"彼以爱兄之道来，故诚信而喜之"③的"至诚"境界。商鞅弃道而用权，废德而任力，不把诚信作为管理国家的手段，因而提出"六虱"④之论，但他对律法诚信推崇备至，有"民信其赏则事功成，信其刑则奸无端。惟明主爱权重信，而不以私害法"⑤之论。"立木建信"一事，更是让民众迅速接纳"诚信"这一重要理念。管仲认为诚信在治理国家中起着维持天下伦理秩序的重要作用，是凝聚人心、赢得民心的精神基础，故有"先王贵诚信。诚信者，天下之结也"⑥之论。荀子把诚信定性为道德规则，并认为诚信对个人有着巨大的影响，故有"端悫生通，诈伪生

---

① 皇甫谧撰，宋翔凤等辑：《逸周书·大匡解第十一》，辽宁教育出版社，1997年，第11页。

② 皇甫谧撰，宋翔凤等辑：《逸周书·官人解第五十八》，辽宁教育出版社，1997年，第56页。

③ 杨伯峻、杨逢彬注译：《孟子·万章上》，岳麓书社，2000年，第157页。

④ 商鞅等著，章诗同注：《商君书·垦令第二》，上海人民出版社，1974年，第4页。《商君书》："国贫而务战，毒生于敌，无六虱，必强。国富而不战，偷生于内，有六虱，必弱。""六虱：曰礼、乐；曰《诗》《书》；曰修善，曰孝弟；曰诚信，曰贞廉；曰仁、义；曰非兵，曰羞战。"

⑤ 商鞅等著，章诗同注：《商君书·修权第十四》，上海人民出版社，1974年，第45页。

⑥ 黎翔凤撰，梁运华整理：《管子校注·枢言第十二》，中华书局，2004年，第246页。

塞；诚信生神，夸诞生惑"①之论。

综上，古代"诚信"大致体现出这样几层含义：一是真诚，不欺人骗己。"忠信非判然二物，从内面发出无一不尽，是忠，发出外来，皆以实，是信"。②二是守诺，不爽约违诺。"有所许诺，纤毫必偿；有所期约，时刻不易"③是人立身处世的前提。三是信任，不猜忌多疑。"信者诚也，专一不移也"④。后面两层含义都要建立在第一层含义的基础之上。

二、诚信思想的历史发展

只有进一步了解诚信思想的发展演变轨迹，把握不同时代诚信思想的内涵，寻找基本的核心观念，我们才能对诚信思想有一个更加深刻的认识和理解，才能将诚信的精华真正贯彻到日常生活实践中，实现至诚至善的理想追求。

---

① 杨倞注，耿芸标校：《荀子·不苟第三》，上海古籍出版社，2014年，第27页。

② 陈淳撰：《北溪字义·忠信》，中华书局，2009年，第27页。

③ 余波主编：《袁氏世范·处己》，华夏出版社，2009年，第288页。

④ 扬雄撰，韩敬注：《法言注》，中华书局，1992年，第57页。

（一）殷商西周时期的诚信思想

上古先民的生存环境相当恶劣，人们对自然非常敬畏，故先民希望通过卜筮、听命上天、敬奉鬼神的方式得到庇佑，在恶劣的自然环境下求得生存。因此人们以敬神为信，这也使得当时的诚信思想处于天命鬼神色彩之下。

殷商时期的诚信思想沿袭上古，也极具神秘色彩。《礼记》有云："殷人尊神，率民以事神，先鬼而后礼……周人尊礼尚施，事鬼敬神而远之，近人而忠焉。"[1]这是"殷人尊神，周人尚礼"的由来。该书《祭统》有云："身致其诚信，诚信之谓尽，尽之谓敬，敬尽然后可以事神明，此祭之道也。"[2]这是讲个体的诚实产生于对神的敬信，从而奠定了"诚""信"之间的内在关系——以诚为本。但随着人们对事物的认识逐渐提升，"以人为本"的文化思想得以萌芽。《礼记》中就有对原始社会群体中诚信道德情况的相关描述："选贤与能，讲信修睦。"[3]人们在为生存发展而合作，在合作中逐渐意识到，只有坚持诚信，才能彼此信任，达到预期的目标。这是诚信意识的成形过程。诚信意识的进一步发展，为诚信规范的定型创造了有利条件。

---

[1] 戴圣编：《礼记·表记》，时代文艺出版社，2000年，第245页。

[2] 戴圣编：《礼记·祭统》，时代文艺出版社，2000年，第220页。

[3] 王云五、朱经农主编，叶绍钧选注：《礼记·礼运》，商务印书馆，1947年，第50页。

"国之大事，在祀与戎"①，古代君王在祭礼中所表现出的是虔诚信奉的思想，如盟誓之信。在夏商时期，王权是屈从于神权的，带有浓厚的宗教色彩。所以，盟誓的实质是利用鬼神崇拜让人产生恐惧心理，进而约束和限制盟誓成员的行为，使盟誓的功能更加持久有效地发挥作用。盟誓的运用范围较广：在军事行动之前有"生死契阔，与子成说"②；约会誓约有"彼留之子，贻我佩玖"③，婚姻誓约有"穀则异室，死则同穴"④；分封盟誓有"世世子孙，无相害也"⑤等。及至西周，盟誓已经成为周王与诸侯间稳固政权及解决争端的一种政治制度，此时的王权已经超越了神权，成为构成盟誓的核心力量。

我国古代君权神授，把君主看作上天之子，万民之表率。君主对天下、对民众有教化之责，必须以身作则来引导社会道德风向。故《商书》有云："居上克明，为下克忠。"⑥上行下效，就是教化

---

① 出版社自编：《春秋左传集解·成公十三年》，上海人民出版社，1977年，第722页。

② 朱熹注解，张帆、锋焘整理：《诗经·邶风·击鼓》，三秦出版社，1996年，第27页。

③ 朱熹注解，张帆、锋焘整理：《诗经·王风·丘中有麻》，三秦出版社，1996年，第74页。

④ 朱熹注解，张帆、锋焘整理：《诗经·王风·大车》，三秦出版社，1996年，第73页。

⑤ 出版社自编：《春秋左传集解·僖公二十六年》，上海人民出版社，1977年，第360页。

⑥ 李民、王健：《尚书译注·商书·伊训》，上海古籍出版社，2004年，第123页。

百姓的最佳方式。故尧"钦明文思安安，允恭克让，光被四表"①，舜"俊哲文明，温恭允塞"②，禹"为人敏给克勤，其德不违，其仁可亲，其言可信"③。正是因为尧、舜、禹三位帝王都是诚信之人，知人善任，而且以身作则教化官员和百姓，才会有"百姓昭明，协和万邦"④"谋闭而不兴，盗窃乱贼而不作，故外户而不闭，是谓大同"⑤的安定社会。

周朝以礼治国，"有孝有德"⑥是周礼"亲亲尊尊"等级建构的基础。《逸周书》有云："九德：忠、信、敬、刚、柔、和、固、贞、顺"⑦，"九行：一仁，二行，三让，四信，五固，六治，七义，八意，九勇"⑧。周人"九德""九行"中均有"信"。这些德目的出现，既是对人们日常生活的道德约束，也是道德规范成形的显性标识，可见人们对诚信的高度重视。九德忠信为首，君王

① 李民、王健：《尚书译注·虞夏书·尧典》，上海古籍出版社，2004年，第1页。

② 李民、王健：《尚书译注·虞夏书·舜典》，上海古籍出版社，2004年，第12页。

③ 司马迁著，易行等校订：《史记·夏本纪第二》，线装书局，2006年，第5页。

④ 李民、王健：《尚书译注·虞夏书·尧典》，上海古籍出版社，2004年，第1页。

⑤ 戴圣编：《礼记·礼运》，时代文艺出版社，2000年，第98页。

⑥ 朱熹注解，张帆、锋焘整理：《诗经·大雅·卷阿》，三秦出版社，1996年，第296页。

⑦ 皇甫谧撰，宋翔凤等辑：《逸周书·常训解第三》，辽宁教育出版社，1997年，第4页。

⑧ 皇甫谧撰，宋翔凤等辑：《逸周书·文政解第三十八》，辽宁教育出版社，1997年，第29页。

以德待民，臣民以德奉上。所谓"信诚匡助"，就是把诚信包含在敬德之中，有德才有信，丧德则失信。《左传·僖公五年》记载："故《周书》曰：'皇天无亲，惟德是辅'。又曰：'黍稷非馨，明德惟馨。'"①这说明周人已经由神转向人，对人德行的重视，认为神灵享用的是有德之人的祭品，保佑的是有德之人，而不是看你的祭品丰厚与否。《周易》"尚德"，十分推崇诚信，《中孚》卦就全面论证了诚信的价值，认为人之诚信能感化邦国。周人以天道推人道，"天之所助者，顺也；人之所助者，信也"②，顺应天道，发扬诚信，就能"吉无不利"，故当爻辞每每讲诚信时，与之相联系的判词都是"吉"，最不济的也是"无凶"。"说而巽，孚乃化邦也"③，治理天下，靠的不是天意，而是诚信，和悦而谦逊，诚信才可感化邦国，万邦来朝。

（二）春秋战国时期的诚信思想

针对西周末年出现的"礼崩乐坏"的局面，孔子发出了"古之愚也直，今之愚也诈"④的感叹。春秋战国时期，社会结构和性质发生了颠覆性变化，诚信思想也开始由神权领域向与封建纲常伦理相

---

① 出版社自编：《春秋左传集解·僖公五年》，上海人民出版社，1977年，第255页。

② 朱震：《汉上易传·谦》，九州出版社，2012年，第253页。

③ 朱震：《汉上易传·中孚》，九州出版社，2012年，第206页。

④ 杨伯峻、杨逢彬注译：《论语·阳货第十七》，岳麓书社，2000年，第107页。

结合进行转变。动荡的社会环境和剧烈的社会变革迫使人们不得不去深入反思和批判社会现实，去寻求心灵的慰藉，并探索安身立世之本，于是出现了诸子百家争鸣的盛况，其中主要代表有儒、道、阴阳、法、墨、名、纵横、农、杂、小说等学派。此时诚信思想得到了进一步发展，有了更为完整的系统，形成了一定的理论基础。这一时期是我国诚信思想逐渐成型的阶段，对后来我国诚信思想体系的建立有着十分重要的影响。其中影响较大的是儒、道、法、墨四家。

1.儒家以"仁德"为核心的诚信思想

儒家具有强烈的"入世"精神。孔子尊崇先贤，主张"仁政"，强调自律，推崇西周"礼乐治天下"制度。所以儒家的学说被看作是对夏商周三代思想的发扬。

孔子的诚信思想以"敬事而信"为主。他将"信"作为五德之一，认为内修于己是修身立命之本，并通过把个人私德和社会公德合二为一的方式来论述诚信对维系社会秩序的重要性。孔子认为："人而无信，不知其可也。大车无輗，小车无軏，其何以行之哉？"[1]立身行世，诚信极端重要，如同行车的关键"輗"与"軏"不可或缺。孔子认为个人应在言语上求真，行为上务实，故有"巧言令色，鲜矣仁"[2]"君子不失口于人，故言足信也"[3]之论；孔子称"乡愿"（乡里当中伪善欺世之人）为"德之贼"，强调人与人之间应该相

① 杨伯峻、杨逢彬注译：《论语·为政第二》，岳麓书社，2000年，第19页。
② 杨伯峻、杨逢彬注译：《论语·学而第一》，岳麓书社，2000年，第2页。
③ 王云五、朱经农主编，叶绍钧译注：《礼记·表记》，商务印书馆，1947年，第211页。

互尊重、相互帮助，并将诚信与仁爱并举，故有"己所不欲，勿施于人"①之论；孔子认为"忠"是诚信的外在体现，故有"君子不重则不威，学则不固。主忠信。无友不如己者。过则勿惮改"②之论。交友也要交讲诚信的益友，即孔子所谓的"友谅"。为政，"诚信"是最重要的。孔子认为治理国家有三个重要条件："足食""足兵""民信之"。在这三者之中，食物和军备很重要，但只能排第二和第三，最重要的是统治者要取信于民，百姓不信任执政者，国家就会垮掉。为政要讲诚信，诚信是执政者取信于民的关键。"自古皆有死，民无信不立"③，孔子认为诚信比生死更重要。

孟子继承了孔子的思想，将孔子"人道之诚"思想发扬光大，并提出了"思诚"的命题：从"明于善"出发，才能"诚于身"，进而"悦于亲""信于友""获于上"，最终达到"民治"的目的，这与中华民族"修身齐家治国平天下"的家国情怀有异曲同工之妙。孟子认为追求天爵是追求人爵的基础，"仁义忠信，乐善不倦，此天爵也""公卿大夫，此人爵也"④，一个人如果没有仁义忠信，不乐于行善，就得不到人爵，得不到功名利禄。若一个人追求到了人爵，便放弃继续追求天爵，那么，他的人爵也终将失去。也就是说，一个人的内在的道德修养决定了他是否可以充分实现人生

---

① 杨伯峻、杨逢彬注译：《论语·颜渊第十二》，岳麓书社，2000年，第107页。

② 杨伯峻、杨逢彬注译：《论语·学而第一》，岳麓书社，2000年，第4页。

③ 杨伯峻、杨逢彬注译：《论语·颜渊第十二》，岳麓书社，2000年，第109页。

④ 杨伯峻、杨逢彬注译：《孟子·告子上》，岳麓书社，2000年，第203页。

价值和社会价值。孟子认为讲诚信是人的本性使然，故"性本善"既是其伦理思想的基础，也是其诚信思想的基础。他还对孔子的信义思想进行挖掘，提出了判断诚信与否的标准，即"大人者，言不必信，行不必果，惟义所在"①，指的是通达的人做的不符合义的承诺，他可以不必遵守，不合义的事，他可以不做，并把"信"从"五德"提升为道德伦理规范的"五伦"之一，认为"朋友有信"是处理朋友关系的最基本原则。

荀子对孔子的忠信思想进行阐发，有"所谓君子者，言忠信而心不德"②之论，这是借哀公与孔子的问答来讲君子忠诚守信但心里并不因之而扬扬自得；有"义立而王，信立而霸"③"仁人之兵，不可诈也"④等论述，这是讲诚信在政治军事领域的重要作用；有"商贾敦悫无诈，则商旅安，货财通，而国求给矣"⑤之论，充分肯定了诚信对于商业经济兴旺、国家富足所起到的巨大的促进作用。不同于孟子，荀子认为人"性恶善伪"，并在此基础上，有"起礼义，制法度，以矫饰人之情性而正之，以扰化人之情性而导之也。始皆

---

① 杨伯峻、杨逢彬注译：《孟子·离娄下》，岳麓书社，2000年，第139页。

② 杨倞注，耿芸标校：《荀子·哀公第三十一》，上海古籍出版社，2014年，第368页。

③ 杨倞注，耿芸标校：《荀子·王霸第十一》，上海古籍出版社，2014年，第126页。

④ 杨倞注，耿芸标校：《荀子·议兵第十五》，上海古籍出版社，2014年，第168页。

⑤ 杨倞注，耿芸标校：《荀子·王霸第十一》，上海古籍出版社，2014年，第145页。

出于治，合于道者也"①之论，强调"礼义"和"法度"对人情性的矫正与引导作用，丰富了儒家的诚信思想。

2.道家以"自然"为核心的诚信思想

道家与儒家正好相反，主张"避世"，认为人们应当从自然中找寻到根源，进而解决一切矛盾，这是一个哲学命题。因此，如何将人之道完美地合于天之道是道家学说的基础，同时也是道家诚信思想的基础。以老子和庄子为代表人物的道家学说，更注重的是顺应天道且不带有功利性的个体的内心诚信。

老子认为"道"生天地万物，而"信"存于"道"。《老子》有云："道之为物，惟恍惟惚。惚兮恍兮，其中有象；恍兮惚兮，其中有物。窈兮冥兮，其中有精，其精甚真，其中有信。"②人们可以通过观察体验去了解"道"，进而把握"道"的特征和规律。老子把诚信作为人生行为的重要准则，有"夫轻诺必寡信"之论。他认为"言善信""信者，吾信之；不信者，吾亦信之，德信"③是人立身之本。老子主张"无为"而治，认为"轻诺寡信"是治理国家的大忌。君主言而有信，百姓才会"亲而誉之"；君主言而无信，百姓就会"畏之""侮之"，最终导致"信不足，有不信"的恶果。

庄子非常看重诚信，如"德厚信矼""至信辟金""修胸中之

---

① 杨倞注，耿芸标校：《荀子·性恶第二十三》，上海古籍出版社，2014年，第285页。

② 陈柱选注：《老子·第二十一章》，商务印书馆，1947年，第23页。

③ 陈柱选注：《老子·第六十三章》，商务印书馆，1947年，第50页。

诚，以应天地之情而勿撄"① "真者，精诚之至也。不精不诚，不能动人"②等。庄子认为世间的礼仪法度及道德标准都会随着时代的变迁而发生改变，所以作为道德领域重要内容的"诚信"不应该由人来制定标准，而是必须遵循"道"的法则。以至善至美的"道"为标准，才能达到至诚至信。"道"的存在难以感知，而"诚信"又必须有一个适用性特别强的标准。于是，庄子从反面来探讨人"不诚不信"的根源。他在《至乐》篇和《胠箧》篇中论证对权禄富贵的贪恋就是人们难以表里如一、与人坦诚相见的主要因由，还把"智巧"看作是争斗产生的根源，"内诚不解"就是人被"机心"束缚后的表现，故有"机心存于胸中，则纯白不备；纯白不备，则神生不定；神生不定者，道之所不载也"③之论。所以，"君子之交淡若水"是庄子诚信思想最本质的表述。

3.法家以"律令"为核心的诚信思想

法家质疑道德的制约功能，推崇法治，将法与德对立起来，故《韩非子》有云："明主之国，无书简之文，以法为教；无先王之语，以吏为师。"④

管子思想以丰富庞杂著称，其中又以法家思想为主导。他非常

---

① 秦旭卿、孙雍长今译：《庄子·杂篇·徐无鬼第二十四》，湖南人民出版社，1997年，第488页。

② 秦旭卿、孙雍长今译：《庄子·杂篇·渔父第三十一》，湖南人民出版社，1997年，第660页。

③ 秦旭卿、孙雍长今译：《庄子·外篇·天地第十二》，湖南人民出版社，1997年，第222页。

④ 韩非撰，陈奇猷校注：《韩非子集释·五蠹第四十九》，上海人民出版社，1974年，第1067页。

注重诚信，提出"必得之事，不足赖也；必诺之言，不足信也"①的诚信观，否定强求和随意承诺的不负责任的行为。他还将功利意义上的赏罚和诚信结合起来，通过赏罚的手段获得法治上的公信力，即《管子》所云"赏罚不信，则民无取"②，希望借由赏罚诚信的手段来实现"百姓皆说为善，则暴乱之行无由至矣"③的治世局面。管子的这种赏罚诚信观，为法家诚信体系的形成奠定了基础。

法家诚信观的框架自商鞅起就愈加清晰。商鞅所仕之秦国，社会背景复杂，国民缺乏诚信观念。《战国策》有载："秦与戎翟同俗，有虎狼之心，贪戾好利而无信，不识礼义德行。苟有利焉，不顾亲戚兄弟，若禽兽耳。"④商鞅采用变法的方式来革除弊病，先用奖赏手段（建木立信）为其施行变法营造了广泛的舆论和诚信基础；随着变法的实施与深入，开始利用国家的力量，用轻罪重罚、扩大律法适用范围等方式来提高法律威信，保障变法。商鞅的法家诚信观可以从"国之所以治者三：一曰法，二曰信，三曰权。法者，君臣之所共操也；信者，君臣之所共立也……，民信其赏，则事功成；信其刑，则奸无端"⑤中一览无遗。

韩非是法家集大成者，他把"信"看作是至高无上的美德，用晋文公以法立国，成为一代霸主的故事说明"小信成则大信立，故

---

① 梁运华校点：《管子·形势第二》，辽宁教育出版社，1997年，第4页。
② 梁运华校点：《管子·权修第三》，辽宁教育出版社，1997年，第5页。
③ 梁运华校点：《管子·权修第三》，辽宁教育出版社，1997年，第5页。
④ 高诱注：《战国策·魏三·秦将伐魏》，中华书局，1992年，第212页。
⑤ 商鞅等著，章诗同注：《商君书·修权第十四》，上海人民出版社，1974年，第45页。

明主积于信"①；用楚厉王击鼓的故事说明失信于民会危及君位。故韩非渴求贞信之士，有"今贞信之士不盈于十，而境内之官以百数，必任贞信之士，则人不足官，人不足官，则治者寡而乱者众矣"②之论。他认为君主应该把律法和道德伦理分割开来，不可轻信妻子，因为"大信其妻，则奸臣得乘于妻以成其私"，"大信其子，则奸臣得乘于子以成其私"③；亦不可轻信权臣，因为"恃势而不恃信，故东郭牙议管仲。恃术而不恃信，故浑轩非文公。故有术之主，信赏以尽能"④。由此看来，韩非所看重的"诚信"，归根结底还是一种帝王之术。但不可否认的是，韩非在充分肯定诚信作用的基础上，通过此种将"法、术、势"融入诚信观的方式真正实现了法家诚信体系的构建，有利于社会良好秩序的建立，有利于人们忠于国家与君主。

4.墨家以"义利"为核心的诚信思想

儒家重义轻利，认为对利的追求是社会混乱、国家动荡的根源；墨家与儒家背道而驰，尚利且贵义。作为先秦时期平民百姓的思想代表，墨家反对社会不公和不义之战，倡导"兼爱""非攻"。墨子把利看作义的落脚点，认为义之所以贵重，就在于义能

---

① 韩非撰，陈奇猷校注：《韩非子集释·外储说左上第三十二》，上海人民出版社，1974年，第621页。

② 韩非撰，陈奇猷校注：《韩非子集释·五蠹第四十九》，上海人民出版社，1974年，第1095页。

③ 韩非撰，陈奇猷校注：《韩非子集释·备内第十七》，上海人民出版社，1974年，第289页。

④ 韩非撰，陈奇猷校注：《韩非子集释·外储说左下第三十三》，上海人民出版社，1974年，第671页。

利人，因而墨家的诚信思想也带有鲜明的功利主义倾向。墨子认为"义"的实质是"利"，他的"利"，不仅仅是一己私利，还要利他、利群，故墨子赞同只有在"求天下之利"的基础上才能使"饥者得食，寒者得衣，劳者得息"①。

墨子认为的"信"就是言行一致。人们只在乎言语是否出于诚心，不会在乎言语是否得当，故《墨子》有云："信，言合于意"②，"信，不以其言之当也，使人视城得金"③。墨家推崇忠信之士，把"信"看作评价"仁人"的重要道德标准，这也是墨家任人唯贤的原则之一，故《墨子》有云："志不强者智不达，言不信者行不果"④，"忠信之士，我将赏贵之；不忠信之士，我将罪贱之"⑤。"仁人之事者，必务求兴天下之利，除天下之害"⑥，故墨子所求的"天下之利"只有忠信之士才能达成。

墨家也尚同，认为古代圣王讲求诚信，切实爱护百姓、诚心对待百姓并采用赏罚有信的治理手段来治理天下，才得以统一天下。故圣王应该"刑政赏誉也，甚明察以审信"⑦，对待百姓应"必疾爱而使之，致信而持之"⑧。只有如此，才能得民心而达到大治。

综而论之，儒家通过对天命和先天人性以及对社会功用的阐

---

① 孙诒让：《墨子间诂·非乐上第三十二》，中华书局，1986年，第156页。
② 孙诒让：《墨子间诂·经上第四十》，中华书局，1986年，第283页。
③ 孙诒让：《墨子间诂·贵义第四十七》，中华书局，1986年，第409页。
④ 孙诒让：《墨子间诂·修身第二》，中华书局，1986年，第9页。
⑤ 孙诒让：《墨子间诂·尚贤下第十》，中华书局，1986年，第59页。
⑥ 孙诒让：《墨子间诂·修身第二》，中华书局，1986年，第9页。
⑦ 孙诒让：《墨子间诂·尚同中第十二》，中华书局，1986年，第73页。
⑧ 孙诒让：《墨子间诂·尚同下第十三》，中华书局，1986年，第89页。

释，把诚信推向崇高的位置；道家顺应天道且不带有功利性的个体的内心诚信，让人不为外物所拘，变得更加明智；法家则是通过把诚信制度化，使之成为治国工具。儒、道、法、墨四家对诚信的理解各有侧重又相辅相成。

其他诸子也都十分重视诚信的功用。如《孙膑兵法》中的"将者不可以不信，不信则令不行，令不行则军不槫（团），军不槫（团）则无名。故信者，兵之足也"①，阐述的是将领的赏罚之信对治理军队的重要性；《鬼谷子》中的"智者达于数，明于理，不可欺以诚"②，论述的是待人用人的韬略；《黄帝内经·素问》中"病不许治，病必不治，治之无功矣"③，强调的是医患之间的诚信模式；还有史家的"秉笔直书"、杂家的"贵信"等，都说明先秦诸子百家虽然思想核心和主张各不相同，对诚信的理解也各不相同，但是都高度重视诚信的功用，认为诚信不仅是一种道德，更是一大美德。

（三）汉唐时期的诚信思想

秦统一后，崇尚法制，结束了先秦诸子百家争鸣的局面。魏晋南北朝将近四百年的动乱，给人们造成巨大的精神压迫，"诚信"这一基本的道德底线甚至被冲破，导致道德的失落。隋朝虽然实现

---

① 张震泽：《孙膑兵法校理》，中华书局，1984年，第174页。
② 李霞光：《六韬·鬼谷子译注》，北京联合出版公司，2015年，第246页。
③ 周海平等：《黄帝内经大词典》，中医古籍出版社，2008年，第84页。

了大一统，但国祚不长，而且亡国于"有功无德"的隋炀帝，因此人们一直在呼吁诚信。社会大讲诚信，就是因为之前深受社会诚信缺失之苦。所以，社会稳定的汉、唐时期，各家思想互相吸收和融合，诚信思想得到了新的发展和进一步巩固。

1.传承"儒家宗法"的汉代诚信思想

汉惠帝废除"挟书之律"后，长期受到压抑的各种思想得以正常发展，讲学通经之风再次兴盛。汉代诸子在继承先秦诸子特别是儒家的思想理论基础上，充分肯定了诚信思想的社会功用，诚信仍旧是判断人道德品格的标准。我们可以从诸子的言论中找到许多关于诚信的论述，涉及当时社会生活的各个领域，在人际关系方面表现得最为明显。如西汉淮南王刘安就认为"天下之高行"非"言而必信，期而必当"①莫属；刘向认为"去侥幸，务忠信，节嗜欲，无取虐于人"②才是君子所为，他还将人的声誉与诚信直接关联起来，"水倍（背弃）源则川竭，人倍（背弃）信则名不达"③；而扬雄的《法言》更是模仿圣人的言论，将个人言行修养中的"诚信"思想加以论述。

两汉的政治家和思想家在强调个人言行诚信的同时，也都指出诚信是立国之本。陆贾在《新语》中通过"商贾巧为贩卖之利，而屈为贞良；邪臣好为诈伪，自媚饰非，而不能为公方，藏其端巧，

---

① 刘安：《淮南子·氾论训》，岳麓书社，2015年，第129页。

② 刘向著，向宗鲁校证：《说苑校证·敬慎》，中华书局，1987年，第262页。

③ 刘向著，向宗鲁校证：《说苑校证·谈丛》，中华书局，1987年，第400页。

逃其事功"①等事例论述了商贾之徒、奸邪之臣不诚信的行为对国家的危害；贾谊在《新书》中提出用建"三表"（通过信谕、爱谕、好谕使匈奴怀服大汉的策略）来解决民族问题。"信为大操，帝义也。爱好有实，已诺可期。十死一生，彼将必至。"②三者互为表里，而其核心就是信；刘安的《淮南子》和桓谭的《新论》等书都强调了"法令有信"和"赏罚必行"的功用；桓宽的《盐铁论》和徐干的《中论》分别从民族关系和"尾生抱柱"的典故出发，提出讲诚信也要因时制宜，要"知权变"；王符的《潜夫论》、崔寔的《政论》以及仲长统的《昌言》等书对当时不诚信的行为进行了批判，并提出许多有关诚信的主张。

汉代大儒董仲舒认同"春秋尊礼而重信，信重于地，礼尊于身"③，"信"就是诚实不欺，言行一致，有"竭遇写情，不饰其过，所以为信也"④之论。他在《春秋繁露》中确立了"三纲五常"的道德说教，把"信"列入"五常"，并将之提高到了"五常之本，百行之源"的位置，强化和提升了"诚信"在整个中国传统思想文化中的地位和影响。

---

① 陆贾撰，庄大钧校点：《新语·辅政第三》，辽宁教育出版社，1988年，第5页。

② 贾谊：《贾谊集·贾太傅新书·匈奴》，岳麓书社，2010年，第43页。

③ 董仲舒：《春秋繁露·楚庄王第一》，河南大学出版社，2009年，第117页。

④ 董仲舒：《春秋繁露·天地之行第七十八》，河南大学出版社，2009年，第370页。

2.奉守"诚信政治"的唐代诚信思想

唐代前期政治稳定，君臣励精图治，文化开放，侠义风气盛行，社会经济得到了空前发展。这一盛况的出现与唐代政治诚信有莫大的联系。上自皇帝、王公大臣、一般官僚士大夫，下至隐士、百姓等都是诚信的倡导者和实践者，诚信思想已经渗透到唐代社会的方方面面。

唐代在政治诚信方面表现特别突出。从高祖"矢石之间，不辨贵贱，论勋之际，何有等差"[1]，到太宗"为国之道，必须抚之以仁义，示之以威信"[2]，到高宗不愿"行事不为臣下所信"[3]，武则天"君臣不信，则国政不安"[4]，到玄宗"欲人必信，期于令行"[5]，再到宪宗"推诚而任人"[6]，文宗"推诚达下"[7]，诚信成为唐代君主治理国家的核心理念和政治传统。盛唐文人士大夫推崇"信德"，提出"德礼诚信，国之大纲"的为政思想，保有"以文长会友，唯德自成邻""守道不如守官"的文史思想，重现讲信义、重

① 司马光等：《资治通鉴·隋纪八·恭帝义宁元年》，中华书局，1956年，第5748页。
② 吴兢撰，谢保成集校：《贞观政要集校·论仁义第十三》，中华书局，2003年，第251页。
③ 司马光等：《资治通鉴·唐纪十五·高宗永徽三年》，中华书局，1956年，第6277页。
④ 武则天：《臣轨·卷下·诚信章》（丛书集成本），商务印书馆，1936年，第39页。
⑤ 刘昫等：《旧唐书·宇文融传》，中华书局，第1975年，第3220页。
⑥ 董诰：《全唐文·唐宪宗·贬令狐楚宣州刺史制》，上海古籍出版社，1990年，第636页。
⑦ 刘昫等：《旧唐书·文宗上》，中华书局，第1975年，第523页。

然诺、轻财好施、排忧解难的传统侠义之风，他们视文人、侠士、将相三位为一体的人格为最理想的人格。因这一时期君臣关系和谐，上下齐心，坦诚相见，故才能出现政治清明的盛世。

唐时坚持"击以示威，归以示信"[①]的原则，选用"择良将""保诚信"的举措来控制边境，采取互市、和亲、结盟等形式来处理民族关系。在经济上，朝廷制定《诈伪律》来惩治不诚信的商业行为，各种器物的制作和贩卖不得有诈，设有专职官员负责监督校正斛斗称度，还会对掺假行为进行惩罚，"竞湿谷以要利，作薄绢以为市"[②]就是典型案例。唐代的契约制度和典章制度已经相当完备，民间商业活动也多采用买卖契约，还出现了古代版的支票——飞钱。"飞钱"的实质就是一种信用制度，依赖官府的诚信而存在。唐代以立婚书或受聘财为婚姻关系的确立，反悔就是不义、无信，重婚或妄冒为婚的行为都会受罚。这些都是生活中的诚信规则。内外兼顾就是唐代政治清明及社会稳定发展的最大保障。

唐代中后期的帝王也时刻牢记先人诚信治国的遗训，但由于政局混乱、藩镇割据、宦官专权等原因，在实际执政中未能真正躬行诚信之道。人们的诚信观念受到了严重冲击，特别是政治诚信和经济诚信，远不如盛唐时期。末世人人自私自利，欺诈诳语横行，所以才有了各地的农民起义，才有了朝代的更替。可见诚信对稳定民

---

① 司马光等：《资治通鉴·唐纪四十二·德宗建中元年》，中华书局，1956年，第7280页。

② 王钦若等：《册府元龟·邦计部·丝帛》，中华书局，1960年，第6056-6057页。

心，治理社会，建设国家是多么的重要。

（四）宋元明清时期的诚信思想

神权与封建纲常伦理的结合发展到宋元明时期已经建构成了一个集宇宙、人性和政治三位一体的哲学体系。宋元明时期是诚信思想的深化传承阶段，这一时期的儒学是继魏晋时期儒学玄学化改造后的再次复兴。这种复兴被称为理学，源于隋唐之际的王通，经由韩愈、柳宗元诸人继其后续，至两宋时期蔚为大观，持续到明清之际，影响直至当代。宋元明理学从内涵和体系上深化和完善了儒学，将诚信看作维护封建"天理"的工具并加以诠释，形成了一套比较完整的"天人合一"的理论体系。明清之际，"存天理灭人欲"假道学的出现是正统儒学统治地位动摇的象征。

1.哲学思辨的宋代诚信思想

宋代是我国思想史上活跃的主要时期之一，主要以理学和新学为代表。两派在伦理学上分野有异：理学是儒学的复兴，以儒家经学为基础，兼收佛、道思想；新学则关心时政，主张从解决现实难题入手。但两派都十分重视诚信伦理。

宋代理学的主要代表人物有北宋周敦颐、程颢、程颐和南宋朱熹等。宋代理学鼻祖周敦颐通读《易经》，颇有心得，提出了以"诚"为中心的宇宙观。他的"诚"源自内心，是无妄无欺的言行表现。作为万物的最高本体之"诚"是静止不变的，而作为一切善行的本源之"诚"则时刻处于变化之中，故《通书》有"寂然不动者，诚也"①"至诚则动，动则变，变则化"②之论。他还将宇宙观中的"诚"与道德观中的"诚"相统一，把"诚"看成是人生的最高境界。程颢、程颐是理学的奠基者和创立者。他们认为"诚"是人伦的最高道德标准，是"诚者合内外之道，不诚无物"③的自然和谐之道，是"诚者天之道，敬者人事之本"④的社会和谐之道，更是"人为天地心"⑤的宇宙和谐之道。更值得推崇的是"二程"在"君推诚以任下，臣尽诚以事君，上下之志通，朝廷之泰也"⑥中所体现的"同德同志"的道德标准和为政原则。"二程"还将诚信看作立业之本，有"诚者，圣人之本，百行之源也"⑦之论。朱熹是理学集大成者。他把"信"与"诚"分割开来，认为"信"是一种实践性的理性法则，是普通人都应达到的道德准则；而"诚"作为道德的本体，是一种理所当然的状态。在前人的基础上，他对诚信

---

① 陆费逵总勘：《周子通书·圣第四》（据榕村全集本校刊），中华书局，1937年，第1页。

② 陆费逵总勘：《周子通书·拟议第三十五》（据榕村全集本校刊），中华书局，1937年，第7页。

③ 程颢、程颐：《二程集·遗书卷第一·二先生语一》，中华书局，1981年，第9页。

④ 程颢、程颐：《二程集·遗书卷第十一·师说》，中华书局，1981年，第127页。

⑤ 程颢、程颐：《二程集·遗书卷第二下·二先生语二》，中华书局，1981年，第54页。

⑥ 程颢、程颐：《二程集·周易程氏传卷第一·泰卦》，中华书局，1981年，第753页。

⑦ 程颢、程颐：《二程集·遗书卷第十一·师说》，中华书局，1981年，第127页。

作了概括性的总结。"诚是自然底实，信是人做底实。故曰：'诚者，天之道'"①，他继承了"二程"的诚信观，以注解经典的方式把"诚"的本质提升为"天理"，"'天之谓性'，是专言理"②，故有"圣人之德，浑然天理，真实无妄，不待思勉，而从容中道，则亦天之道也"③之论。他还对"诚意"和"致知"的关系进行了阐述，认为两者相辅相成。

新学则以"一时儒宗"李觏、王安石等人为代表。李觏以礼说信，认为礼是总称，包含仁、义、智、信四德目。他追求的是讲实求信的务实功利观，故有"有名而无实，天下之大患也"④之论，对后世影响颇大。北宋政治家王安石赞美孔子"言必由绳墨"⑤，认为"尽诚以立信""尽性以至诚"⑥。在此基础上注《老子》，对老子"信言不美，美言不信"的诚信道德进行阐发，并将之运用于政治实践中，多次在讲席上向君主讲述圣君必诚信才能得到贤人的要旨。

两宋时期，还有许多其他学者对诚信有深入的论述。如政治家范仲淹的"法度所以示信"，史学家司马光的"国保于民，民保于

---

① 黎靖德：《朱子语类·卷六》，中华书局，1994年，第103页。

② 黎靖德：《朱子语类·卷六十二》，中华书局，1994年，第1490页。

③ 黎靖德：《朱子语类·卷六十四》，中华书局，1994年，第1563页。

④ 李觏：《李觏集·庆历民言·效实》，中华书局，1981年，第231页。

⑤ 王安石：《王安石散文全集·杂著·命解》，今日中国出版社，1996年，第271页。

⑥ 王安石：《王安石散文全集·杂著·礼乐论》，今日中国出版社，1996年，第282页。

信"等论说，均对元明清时代的伦理思想产生了重要影响。

2.雅俗共赏的元代诚信思想

理学的昌兴使得诚信被提到"万物之始""圣人之本"和"五常之本，百行之源"的高度，诚信也逐渐变为普通的社会公德。作为道德规范基础的诚信是作家极为热衷表现的。元代水平最高、普及程度最广、影响力最大的文学体裁就是元曲，杂剧属于元曲的一类，也是元曲发展到极致的高级表现形式。剧作家通过创作的人物形象和故事情节来体现当时社会的纲常伦理，反映当时的社会风俗和价值观念。

曾子认为君子"可以托六尺之孤，可以寄百里之命，临大节而不可夺也"[①]。纪君祥以《史记》的记载为蓝本而改编的《冤报冤赵氏孤儿大报仇》中的程婴就是这样的君子，他"轻生死，重然诺"的忠义、诚信精魂，是中国传统道德的典范之一。王实甫《西厢记》向我们展示的不仅仅是"愿普天下有情的都成了眷属"这种美好的爱情理想，更是一个只有建立在诚实守信基础上的爱情才是真正的"有情"，才能赢得美满结局的婚姻现实。无名氏《朱砂担滴水浮沤记》中对不守诚信的商人形象进行刻画与讽刺，他们不仅死后要受惩罚，而且来生要么投胎做个牲畜，要么劳碌一生却丝毫无获，以此来作为对他们不诚信的报应，目的就是劝诫商人要诚信为商。

元末明初的小说《三国志通俗演义》中，讲刘备三顾茅庐，以

---

① 杨伯峻、杨逢彬注译：《论语·泰伯篇第八》，岳麓书社，2000年，第72页。

其求贤若渴、礼贤下士的至诚精神终于成仁成事；讲诸葛亮信守承诺，辅佐少主，鞠躬尽瘁，死而后已。这种君臣相得是历代君王和能臣的至高追求。

这些对诚信思想的宣扬做了极好的过渡和铺垫的作品，都是人们追求诚信思想的表现。将诚信思想通过通俗化的手段来达成普及化的发展，是这一时期戏曲杂剧和小说创作的主要特点之一。

3.经世致用的明清诚信思想

明清时期的诚信道德仍以理学为正统思想，故基本上沿袭了自先秦诸子百家到程朱理学的理论体系。但从主观主义哲学代表王守仁提出的"知行合一"，讲求的是内心的反省，强调的是"实"重于"名"；到蕺山学派创始人刘宗周提出的"诚为诈伪"，从政治角度对诚与妄、信与欺等道德规范进行剖析；再到明末清初的著名启蒙思想家唐甄主张的"大信必谨于小"，在批判封建其他伦理道德的同时用"有贾于广交者"的事例来褒扬践行诚信的行为，以寓言创作的方式来宣扬"诚信而不欺人，乡人皆服之"的诚信思想……可以看到，此时越来越重视诚信的经世致用性。

明代处于社会转型时期，商品货币经济的繁荣催生资本主义的萌芽，商业经济得到快速发展。这一时期诚信观念受到商业文化的影响，走上了经世致用之路。明清之际的王夫之主张信义与利益兼顾，有"立人之道曰义，生人之用曰利。出义入利，人道不立；出利入害，人用不生"[①]之论。他继承和发展了由北宋张载开创的气本

---

① 王夫之：《尚书引义·禹贡》，中华书局，1976年，第41页。

论，用真实存在的"诚"来说明无形而实有的"气"，认为"夫诚者，实有者也，前有所始，后有所终也。实有者，天下之公有也，有目所共见，有耳所共闻也"①。

"写鬼写妖高人一等，刺贪刺虐入骨三分"的文学家蒲松龄，用唐传奇小说的文体，通过谈狐说鬼的方式撰写了《聊斋志异》，对当时的社会政治进行尖锐的批判，但对那些讲诚信的人物和事迹是不吝赞美的。如故事《田七郎》就塑造了一个"一钱不轻受，一饭不敢忘"的既诚信又侠义的社会底层人物形象。蒲松龄在论及为人要则时，所论"人之贵朴讷诚笃"②"夫信者，实也"③等立身处世之道，至今现实意义尚在。

曾国藩的诚信思想可以看作是中国传统诚信思想的总结。他认为"天地之所以不息，国之所以立，贤人之德业之所以可大可久，皆诚为之也"！④他把"诚"作为自身的出发点和立足点，忠信为国，推诚下士，以诚交友，孝信教子，为世人树立了一个传统诚信的典范人格。他对庄子"美成在久。骤而见信于人者，其为信必不固；骤而得名于时者，其为名必过情"有这样的释读："君子无赫赫之称，无骤著之美，犹四时之运，渐成岁功，使人不觉；则人之

---

① 王夫之：《尚书引义·说命上》，中华书局，1976年，第70页。
② 蒲松龄著，李伯齐点校：《聊斋志异·慧芳》，浙江文艺出版社，2004年，第249页。
③ 盛伟编：《蒲松龄全集·聊斋文集》，学林出版社，1998年，第1370页。
④ 李鸿章、李瀚章：《曾文正公全集·治兵语录·书札卷一》，吉林人民出版社，1995年，第1858页。

相孚如桃李不言，下自成蹊矣。"①意思是说，君子不会有煊赫的名声，也不会一下子就有美名；就好比一年四季的更替，慢慢地形成一年，让人无法感觉到；人们自然信服，就好比桃李本身并不会说话，而下面自然形成了蹊径。此外，曾国藩还有"思诚者，心则忠贞不贰，言则笃实不欺，至诚相感，故神钦"②等言论。

"诚信"在明清时期已成为普遍遵循的商业活动原则。信奉"诚招天下客，义聚天下财""诚信笃实，弃取有道"的浙商、恪守"诚信为本"的徽商，以及讲求"以义取利"的晋商之所以天下扬名，无不以诚信为经商要旨。吴中孚著《商贾便览》一书，在传授经商入门知识以及刑赏原则，方便行商者们了解各地信息的同时，无时无刻不在宣扬诚信为商的重要性。重德自律的商业诚信使这一时期的许多商人获得了巨大成功。商人孙绪燮，以"信义人所弃，我自得之，则富贵也"③为经商原则，后成商业世家。《清稗类钞·农商卷》中载有"缎子王"的故事，缎子王始终秉承诚信经商的原则，"虽骤得志，仍不改其度"，最终以微薄身家成为顶级皇商。至清朝末年，在失去了天命和封建纲常的依托后，传统的诚信道德观念受到西学的冲击，被重新诠释，封建道统的"天命"观也逐渐陨落。

及至近代的民主革命、新中国成立，诚信思想体现于人们的革

---

① 李鸿章、李瀚章：《曾文正公全集·求阙斋日记类抄·卷上》，吉林人民出版社，1995年，第4873页。

② 李鸿章、李瀚章：《曾文正公全集·求阙斋日记类抄·卷上》，吉林人民出版社，1995年，第4889页。

③ 周苇渔纂修：《四明章溪孙氏族谱·卷七》（木活字影印本），1928年。

命、生产和生活实践中，诚信逐渐与"忠诚"相一致，人们内在的诚信思想是对理想、信仰、党和国家的忠诚。

三、诚信思想的价值

通过对"诚""信"与"诚信"的渊源以及诚信思想历史发展的梳理，我们对传统的诚信思想有了更深刻的认识。从古至今，思想家们从未停止过对诚信内涵及意义的探索。诚信是一个人立身处世、建功兴业的前提，也是一个国家、一个社会、一个民族生存和发展的必备条件。纵然历史上不可避免地存在某些不诚信的人和事，但不可否认的是，诚信是中华民族最为古老、最为宝贵的美德之一，中华民族自古以来就是讲诚信的民族，中华文化自古以来就重视诚信文化。在今天的社会建设中，传统的诚信美德仍发挥着无可替代的重要作用。

1.诚信是修身处世之根

《白虎通》中讲"五常"（仁、义、礼、智、信）不能自成，圣人"明之以教人成其德也"[①]，实际上就表明对诚信品质的培养是修身过程中的重要内容之一。我们可以从《周室三母》《千字文》以及"成人"的标准中窥到古人对诚信教育的重视。

---

① 班固等：《白虎通》，商务印书馆据《抱经堂丛书》本影印，1936年，第248页。

《周室三母》中讲文王之母太任"端一诚庄",即为人正派专一、诚实庄重。在怀有文王之时更是"目不视恶色,耳不听淫声,口不出敖言",故"妊子之时""感于善则善,感于恶则恶"[①],说明我国古代胎教时注重诚信教育。《千字文》中讲的"信可使覆",源于《论语》"信近于义,言可覆也",意为所遵守的诺言符合道义,那么所说的话语就能兑现。由此可见,童蒙识字教材的编撰者十分重视诚信教育,在蒙童进学之初就开始灌输诚实守信的观念。在《论语·宪问篇》中,子路问孔子"成人"的标准,孔子先以杰出之士的完美人格回答子路,而后又说:"见利思义,见危授命,久要不忘平生之言,亦可以为成人矣!"[②]可见孔子认为,只要做到诚信,就可"成人"。中国的传统文化把诚信看作成人的本分,不诚信之人则枉称为人。"人而不忠信,果何以为人乎哉?鹦鹉鸲鹆,能人之言,猩猩猿狙,能人之技,人而不忠信,何以异于禽兽者乎?"[③]用忠信与否将人与禽兽区别开来,实际上也充分肯定了"成人"与作为人的根本就是"忠信"。

诚信是社会发展对群体、对每一个人的基本需求,如《礼记》所载"选贤与能,讲信修睦,……是谓大同"[④]"讲信修睦而固人之

① 绿净:《古列女传译注》,上海三联书店,2014年,第16页。

② 杨伯峻、杨逢彬注译:《论语·宪问篇第十四》,岳麓书社,2000年,第131页。

③ 陆九渊著,钟哲点校:《陆九渊集·拾遗·主忠信》,中华书局,1980年,第374—375页。

④ 王云五、朱经农主编,叶绍钧选注:《礼记·礼运》,商务印书馆,1947年,第34页。

肌肤之会，筋骸之束也"[①]，"选贤与能，讲信修睦"是"大同"社会的基石，也正是诚信将大家紧密地联系在社会这张大网之中。"与国人交，止于信"[②]，这是说与亲属之外的人交往，特别强调诚信和忠诚。《齐人有一妻一妾》中的"良人"实际上是"之祭者乞其余"，回家后却夸言"所与饮食者""尽富贵也"，这种欺人欺己的丑恶行为，连自己的妻妾都以之为耻，其人品可见一斑。从这里可以看到，人们常常通过言行来判断一个人的道德修养和人格品质，因而有"言行，君子之枢机。枢机之发，荣辱之主也"[③]之论。

诚信是一切人际交往中道德规范的起点，而诚信的基本要求就是真实无妄，言行一致，故有"君子不失口于人，故言足信也"[④]"凡人所以立身行己，应事接物，莫大乎诚敬。诚者何？不自欺，不妄之谓也"[⑤]等论述。心有诚意，才会口有信言，进而行必有慎。一个人能否形成诚信的人格，赢得人们的信赖，得到人们的尊重，就在于他是否能够长期坚持以诚信之道待人处世。

2.诚信是建功兴业之本

个人所选的事业，不仅是个人实现自身价值的途径，更是实现

---

① 王云五、朱经农主编，叶绍钧选注：《礼记·礼运》，商务印书馆，1947年，第50页。

② 王云五、朱经农主编，叶绍钧选注：《礼记·大学》，商务印书馆，1947年，第230页。

③ 朱震：《汉上易传·乾系辞上》，九州出版社，2012年，第219页。

④ 王云五、朱经农主编，叶绍钧选注：《礼记·表记》，商务印书馆，1947年，第211页。

⑤ 黎靖德：《朱子语类·训门人七》，中华书局，1985年，第2596页。

社会价值的舞台，所以，立业是人生中的大事。而作为道德根本的诚信，在成就个人事业的过程中发挥着重要作用。《困知录》里所讲的"若于忠信有所不足，则终身之所成就，从可知矣"①，实际上就是将个人成就的高低与其对人对事的忠信程度密切联系起来，忠信不足，就可以断定这个人的终身成就高不到哪里去。所以说，诚信是建功兴业之本。

诚信在商业领域显得尤为重要。在讲到商业行为的时候，老百姓似乎已经将"无商不奸"看成商人的代名词。而事实上，"无商不奸"这个词是后人杜撰的。旧时米商在量米时会用一把尺子将升斗中隆起的米削平，以确保分量准足，而后还会再拿出一些米，撒在抹平的升斗上，使之鼓出一个"尖头"。这才是真正的"无商不尖"，它其实是个褒义词，赞的是商人童叟无欺、不缺斤少两的行为。由于受到农耕社会重农抑商思想的影响，再加上部分商人过度追求利益，生活铺张奢靡，横行乡里，最终导致商人戴上了"唯利是图""奸诈"的帽子。"布帛挟精粗不中数，幅广不中量，不鬻于市"②，体现了国家以律法形式规范商业行为；"非诚贾不得食于贾"③"鲁之粥（鬻）牛马者不豫贾（价）"④"贾羊豚者不加

----

① 金沛霖主编：《四库全书·子部精要·困知记续录卷上》，天津古籍出版社，1998年，第334页。

② 王云五、朱经农主编，叶绍钧译注：《礼记·王制》，商务印书馆，1947年，第23页。

③ 黎翔凤撰，梁运华整理：《管子校注·乘马第五》，中华书局，2004年，第14页。

④ 王先谦：《荀子集解·儒效篇第八》，中华书局，1988年，第188页。

饰"①，体现了市场准入的标准。这些都显示出中国古代对商业诚信的重视。红顶商人胡雪岩以"万不可欺"为店训，"誓不以劣品取厚利"，赢得了"江南药王"的美誉。

3.诚信是治国安邦之基

从古至今，有太多的经验教训告诉我们，诚信是治理国家的重要法宝。国家的存在、发展和强盛必须以诚信为基础。这就要求国家治理者必须诚信。正如《墨子》所载："古者明王圣人所以王天下、正诸侯者，彼其爱民谨忠，利民谨厚，忠信相连。"②历史也表明，有所作为的帝王将相，无不是以诚信赢得了百姓的支持。

荀子在讲强国的道理时明确地指出君王必须诚信："古者禹、汤本义务信而天下治，桀、纣弃义倍信而天下乱。故为人上者，必将慎礼义、务忠信，然后可。此君人者之大本也。"③夏禹和商汤都是古圣王，他们治国时慎礼义、务忠信，国家才会强大；而夏桀、商纣背信弃义，最终落得身死国灭的结局，也是必然的归宿。晋文公成为春秋五霸之一的法宝就是注重信德，故有"信，国之宝也，民之所庇也。得原失信，何以庇之"④之论；而周幽王烽火戏诸侯、齐襄公瓜期不待，最终失去臣民的信任，一败涂地，故有"君命无

---

① 陈士珂辑：《孔子家语疏证·相鲁》，上海书店出版社，1987年，第5页。

② 孙诒让：《墨子间诂·节用中第二十一》，中华书局，1986年，第148-149页。

③ 王先谦：《荀子集解·强国篇第十七》，中华书局，1988年，第305页。

④ 出版社自编：《春秋左传集解·僖公二十五年》，上海人民出版社，1977年，第357页。

贰，失信不立"①"祸莫大于无信"②之说。以上事例充分体现了诚信所蕴含的"服忠用信，则王"的政治价值。

从商君"信可守战""赏信而厚"到韩非"赏罚敬信，民虽寡，强"，从王符"信法理下，所以居官"到傅玄"诸侯秉信，境内以和""处官不信，则少不畏长，贵贱相轻"，从柳宗元"信，政之常，不可须臾去也"到王夫之"夫诚信者，中国邦交之守也"等等。这些名臣士大夫都强调诚信在治理国家过程中对提升国家威望和竞争力、优化社会结构、维护社会秩序以及促进社会安定和团结等的重要意义。

说到治军，人们脑中浮现的都是"兵不厌诈""不战而屈人之兵"之类非诚信的手段。但实际上，中国兵学文化中有着"用兵不欺"的传统，不仅十分重视"仁人之兵，不可诈也""师不越时"③，即正义、规范的军事行动应该堂堂正正、严守承诺；更有"非道德忠信，不能以兵定天下之灾，除兆民之害也"④的说法，把"忠信"看作平定天下、为民除害的杰出将领的必备品质。我们从文献中可以看到太多关于德信治军、忠信用兵而成就的故事。如晋文公援宋迎楚之时，兑现"退避三舍"之诺，做到了言而有信；攻原之时，又信守"期十日"之诺，攻原得卫，最终成就霸业。吴起待人以诚，治军以信，德信兼顾，最终成就"军神"威名。

---

① 出版社自编：《春秋左传集解·成公八年》，上海人民出版社，1977年，第697页。

② 傅玄：《傅子·义信篇》，中华书局，1985年，第8页。

③ 王先谦：《荀子集解·议兵篇第十五》，中华书局，1988年，第266、279页。

④ 刘先廷：《太白阴经译注》，军事科学出版社，1996年，第77页。

宋代王安石有《商鞅》一诗流传至今，原诗作"自古驱民在信诚，一言为重百金轻。今人未可非商鞅，商鞅能令政必行"[1]，认为法之欲行，诚信为先，把诚信看作治国的法宝；司马光也将诚信上升到事关国与家成败得失的高度："夫信者，人君之大宝也。国保于民，民保于信；非信无以使民，非民无以守国。是故古之王者不欺四海，霸者不欺四邻，善为国者不欺其民，善为家者不欺其亲。"[2]卫湜更是强调"在上者"的诚信，认为"上不务信，以机心待民，则民亦以机心报上。上下之交，机心相胜，奸生诈起，法令不得不多，不正其本而齐其末，则犯者莫之胜"。[3]因此，能否立信、能否取信于民是一个国家兴衰存亡的根本，诚信就是整个国家政治生活正常运转的基石和保障。

4.诚信是社会主义核心价值观对人的基本道德要求

中国传统的诚信道德蕴含着漫长的历史积累，是历史发展以及社会实践的结晶，被视为比"金玉"更为珍贵的"宝"，故而有"不宝金玉，而忠信以为宝"[4]之说。中华民族把传统诚信看作一种必然性的根本信念。传统诚信道德是既不自欺也不欺人的纯粹人格的高度统一，为我们自觉修身、自觉诚信提供了道德的激励、人格的榜样。到了今天，传统的诚信美德仍发挥着无可替代的重要作用。

---

① 中华书局上海编辑所编：《临川先生文集》，中华书局，第355页。

② 司马光等：《资治通鉴·周纪二·臣光曰》，中华书局，1956年，第49页。

③ 鄂尔泰等：《钦定礼记义疏·缁衣第三十三》，《摛藻堂四库全书荟要》影印本。

④ 陈澔注：《礼记·儒行第四十七》，上海古籍出版社，2016年，第661页。

然而，近代中国的境遇让国民经历了来自外部和内部的双重冲击，由于深受帝国主义、封建主义、官僚资本主义"三座大山"的长期压迫，再加上一些西方学者出于历史的偏见，对中国历史的一知半解以及个别案例便给中国文化冠上"缺乏诚信"的帽子，鼓吹西方文化优越性的同时，宣扬中国人在人际交往过程中"最会骗人"，爱耍小聪明的观点，部分国民深受蒙蔽，逐渐形成了对自己文化不自信的心理。这不仅影响到国内民众和学者对我国传统文化的认知，还会在世界范围内对我国经济、社会以及全球化时代中国国家形象的构建造成不良影响。英国学者李约瑟严肃地批评了这种态度，并将中国传统美德视为世界人民宝贵的精神财富。他认为中国自己的学者"往往会贬低了自己过去的历史""低估了几千年来哲学和艺术方面的伟大成就"，而事实是"许多医治现代病症的良药"都要从"中国人的智慧与经验"中获得①，这无疑就是对中国文化和中国传统美德的认可和高度评价。

在国与国竞争愈加激烈的今天，我们渴望再现汉唐盛世与辉煌，要实现中华民族的伟大复兴，就必须改变这种严重制约我们社会发展、文化"走出去"的不自信的心理。而改变这种现实心理，必须从推进诚信建设开始。党中央高度重视社会主义核心价值观建设，在公民层面提出"爱国，敬业，诚信，友善"，把诚信作为国民道德素质提升、和谐社会建设的重要道德规范，强调诚实劳动、信守承诺、诚恳待人。在不愿、不能、不敢失信的制度环境下，加

①　[英]李约瑟著，劳陇译：《四海之内·东方和西方的对话》，三联书店，1987年，第85页。

强社会诚信建设，营造守信光荣、失信可耻的社会氛围，为实现中国梦奠定社会主义核心价值观基础。

《礼记》中为我们描述了两个理想社会：一是以"讲信修睦"为社会精神的理想大同社会；二是稍次于前者的以"仁义道德"为原则的小康社会。而诚信是这两个理想社会所体现出来的根本特性。王充在《论衡·问孔》中讲："夫去信存食，虽不欲信，信自生矣；去食存信，虽欲为信，信不立矣。"①这句话不仅从民生的角度论述了"人穷则诈"的道德取舍倾向，还隐晦指出传统诚信文化是以"仓廪实""衣食足"为现实主义立场，更揭示了"经济基础决定上层建筑"这一人类历史发展的一般规律。所以，中国共产党在领导社会主义事业中，继承和发扬了"富民为本"的民生思想。而市场经济是以信用为基础而存在并健康运行的，从人与人、面对面之间的贸易到运用电子渠道进行贸易，市场经济主体的交流方式、社会的分工模式、资源的调配方式已经发生了翻天覆地的变化，但是市场经济最本质的东西——等价交换原则——始终没有改变，而交易主体的诚信是等价交换顺利运行的必备前提。

诚信是现代文明社会、市场经济社会的基本标志，诚信建设是国家治理体系和治理能力现代化的重要基石。社会诚信的建设关键在于通过制度引领促进诚信制度的建设，使诚实守信成为全社会的价值追求和自觉行动。我们党历来重视社会诚信建设，早在2001年，《公民道德建设实施纲要》就把"明礼诚信"作为我国公民道

---

① 张宗祥校注，郑绍昌标点：《论衡校注·问孔第二十八》，上海古籍出版社，2010年，第192页。

德的基本规范提了出来。党的十六届三中全会在《决定》中把"建立健全社会信用体系，形成以道德为支撑、产权为基础、法律为保障的社会信用制度"看作是"建设现代市场体系的必要条件，也是规范市场经济秩序的治本之策"。党的十八大报告中更是明确地将诚信列为社会主义核心价值观之一，明确了加强社会诚信建设的要求：加强政务诚信建设，加强商务诚信建设，加强社会诚信建设，加强司法公信建设。党的十九大报告对诚信建设又有了新的要求，习近平总书记在党的十九大报告中指出，推进诚信建设和志愿服务制度化，强化社会责任意识、规则意识、奉献意识。诚信不仅是道德问题，也是法律问题，诚信需要德治教化，也需要法治保障。推进诚信建设，要不断采取各类措施推进社会信用体系建设，而加快推进信用立法、完善信用法律法规体系作为社会信用体系建设的基础工程，具有重大而深远的意义。但现今我们所面临着因社会诚信缺失带来的种种严峻挑战，从说假话、失信于人、开假发票、发布虚假信息，到考试作弊、学术造假、偷逃税款等弄虚作假现象都表明诚信缺失严重阻碍了社会经济发展、严重威胁了社会秩序、严重影响了社会风气，诚信缺失已经成为社会毒瘤，人们更是以"诚信缺失症"这样一个以疾病名称命名的新兴"术语"来概括这一社会现象。2016年12月，中共中央办公厅、国务院办公厅印发《关于进一步把社会主义核心价值观融入法治建设的指导意见》，针对道德领域突出的诚信危机，明确提出要"加强社会信用体系建设，完善守法诚信褒奖激励机制和违法失信行为惩戒机制"。在政府、个体、企业、社会群体等各个方面倡导社会主义诚信文化，依法打造

"一处失信，处处受限"的惩戒格局，进而使各类信用主体不能失信、不敢失信、不想失信。

当然，因"诚信缺失症"所带来的如何建构和谐的人际关系、友善的社会氛围、稳定的社会秩序等问题，除法治之外，还可以通过学习和反思，从传统的诚信美德中汲取养分，进而提高自身的道德修养，自觉守信。英国哲学家罗素曾说："中国人心胸坦荡，相信道德感召的力量。"①蔡元培在教导如何进行道德修养时以"信义"为最先："德性之中，最普及于行为者，曰信义。信义者，实事求是，而不以利害生死之关系枉其道也。社会百事，无不由信义而成立。苟蔑弃信义之人，遍于中国，则一国之名教风纪，扫地尽矣。"②从个体人格塑造的基础要求到人与人之间交往的基本准则，再到整个社会、整个国家和谐运行的先行原则，都非诚信莫属。所以，重视诚信教育、加强诚信建设不仅是民众的普遍心声，更是社会发展不可阻挡的大趋势。

立足传统、面向未来，传承优秀文化，坚定文化自信，这是新时代赋予我们的新使命。因此，我们要积极响应党中央的号召，以身作则，诚实守信，大力弘扬中华优良的诚信传统，有自觉、有自信、有担当，在人生的道路上牢牢把握住诚信这条延续了千百年的中华民族的做人准则，自觉地把个人的前途命运和中华民族的前途命运紧密联系在一起，将建功兴业的个人梦融入中华民族伟大复兴的中国梦中去。

---

① ［英］罗素著，秦悦译：《中国问题》，学林出版社，1996年，第60页。
② 蔡元培：《中国人的修养》，文津出版社，2013年，第130页。

经典中的「诚信」

一、《周易》

《周易》，也称《易经》，为"五经之首"，是中国传统思想文化的核心经典。内容包括《经》和《传》两个部分。《经》主要是六十四卦和三百八十四爻，《传》包含解释卦辞和爻辞的7种文辞共10篇，称《易传》，也称《十翼》，相传为孔子所撰。

《周易》非常重视诚信之德，专门设立《中孚》卦，且在六十四卦卦辞中论及诚信之道达40多次，涉及26卦，其中的诚信之意多以"孚"来表述，"孚"不仅表现为内在心境的虔诚，而且注重结果。《周易》中的智慧是多方面的，其中最突出的是"天人合一"思想，即借助天的力量、自然规律引人向善，激发人的主观能动性，诚信思想的阐释正是遵循这一逻辑展开的。

【作者简介】

姬昌（前1152—前1056），姬姓，名昌，周太王之孙，季历之子，周朝奠基者，岐周（今陕西岐山）人。继承其父西伯侯之位，故称西伯昌。在位42年后，西伯昌正式称王，史称周文王。称王50年，制礼作乐，被后世儒家所推崇，孔子更是称文王为"三代之英"。

【选文】

天之所助者，顺也；人之所助者，信也。履信思乎顺，又以尚

贤也。是以"自天祐之，吉无不利"也。——《周易·系辞上传》
第十二章

【翻译】

上天祐助的人，是顺应天意的人；他人帮助的人，是信守诚信的人。实行诚信时能想到顺应天意，又能够崇尚贤德向善而为，因此能够获得来自上天的祐助，大吉大利，无所不利。

【解读】

这里的"天"指自然的客观规律。一个人想要取得成功，首先要顺应自然规律，因为自然规律是千古不变的，如太阳朝起夕落，月亮阴晴圆缺，都不会因人而变，人不能逆天而行；而一个人若想获得别人的帮助，取得别人的支持，最根本的是诚信，不能出尔反尔，只有取得别人的信任，别人才会给予帮助。实行诚信且能顺应于天，这里的"顺"，指的是所实行的诚信具有可行性，实行诚信又能够"尚贤"，这样上天就会帮助他，大吉大利。

【选文】

有孚，惠心①，勿问，元吉，有孚惠我德。——《周易·益卦》
第四十二卦九五爻辞

【注释】

①惠：顺。

【翻译】

（只要君王）有诚信，（民众就能）顺其心意，不用占卦，这是大吉。民众顺从我，是因为（君王）有诚信的美德。

【解读】

"益卦"象征增益。君王把自己的利益看得轻一些，把百姓的利益看得重一些，见善则迁，有过则改，人民欢悦。只要君王的诚信能够惠及天下，就不用占卦，上下和谐，自然吉祥。"有孚惠我德"是说民众顺从君王心意，是因为君王有诚信。此爻辞实乃反复强调君王为政要诚信。

【选文】

"中孚"，柔在内而刚得中。说而巽①，孚乃化邦也。"豚鱼吉"，信及豚鱼也。"利涉大川"，乘木舟虚也②。中孚以利贞，乃应乎天也。——《周易·中孚》第六十一卦象传

【注释】

①说：通"悦"，喜悦。巽：顺。

②虚：舟船等涉水工具，中虚以受物，虚与舟船名异实同。

【翻译】

"中孚"卦，是说柔顺在内（巽为风）而刚强居中（兑为泽）。和悦而谦逊，诚信才可感化邦国。"豚鱼吉"（卦辞义指诚信施及小猪、小鱼身上），表示因诚信能施及小猪、小鱼这些细微之物而获得吉祥。"利涉大川"（卦辞义指适宜渡过大河），是说之所以能够跨江渡河是由于乘坐了木船。内心诚信而和谐贞正，这样才能合乎天道。

【解读】

"中孚，信也"（《周易·杂卦》），"孚"本义孵，孵卵出

壳的日期非常准确，有诚信的意义。诚信是立身处世、治国安邦的根本。将诚信施及愚钝无知的小猪、小鱼身上，小猪、小鱼都能被感化。那么以治国理政言之，则是信守制度，不忘取信于民，民众哪里有不被感化的道理？所以便能获得吉祥。利涉大川，说明人有诚信之德，利于坚守中正之道，必定合乎天道，吉祥如意。

二、《论语》

《论语》由孔子的弟子及再传弟子编写而成，战国初期成书。主要记录孔子及其弟子的言行，较为集中地反映了孔子的思想，是儒家学派的经典著作之一。以语录体为主，叙事体为辅，集中体现了孔子的政治主张、伦理思想、道德观念及教育原则等。与《大学》《中庸》《孟子》并称"四书"。

【作者简介】

孔子（前551—前479），子姓，孔氏，名丘，字仲尼，祖籍宋国栗邑（今河南商丘夏邑），生于春秋时期鲁国陬邑（今山东曲阜）。孔子是儒家学派的创始人，中国著名的思想家、教育家。与弟子周游列国14年，晚年修订六经，即《诗》《书》《礼》《乐》《易》《春秋》。相传他有弟子三千，其中七十二贤人。孔子去世后，其弟子及再传弟子把孔子及其弟子的言行语录和思想记录下来，整理编成儒家经典著作《论语》。

【选文】

子贡问君子①。子曰："先行其言而后从之②。"——《论语·为政》

【注释】

①子贡（前520—前456）：复姓端木，名赐，字子贡，在孔门十哲中以言语闻名，善于雄辩，且有济世之才，办事通达，曾任鲁国、卫国之相，善于经商之道，为孔子弟子中首富。

②行：做，践行。从之：使别人跟着做。从，跟从；之，代指"行其言"。

【翻译】

子贡向孔子请教君子之道。孔子说："先（要求自己）去践行自己说过的话，等自己做到以后，（感染别人）也跟着这样做（这就称得上是一名君子了）。"

【解读】

孔子认为君子要诚信，要做到言行一致，身体力行比言语更能够感染人，影响人。君子不但自己能说到做到，还能够感染别人也说到做到。

【选文】

子曰："人而无信，不知其可也①。大车无輗②，小车无軏③，其何以行之哉？"——《论语·为政》

【注释】

①可：可以，行。

②輗（ní）：古代大车车辕用来连接、固定横木或车轭的部分。

③軏（yuè）：古代车上置于辕的前端与车横木连接处的销钉。

【翻译】

孔子说："人要是失去了信用或不讲信用，不知道他还可以做什么。（就像）大车没有了车辕与轭相连接的木销子，小车没有了车杠与横木相连接的销钉，它靠什么行进呢？"

【解读】

诚信于人，就像輗于大车，軏于小车，没有輗、軏，大车和小车均不能前行，没有诚信，人亦寸步难行，所以，做人必须要讲诚信。

【选文】

子贡问政①。子曰："足食，足兵，民信之矣。"子贡曰："必不得已而去，于斯三者何先②？"曰："去兵。"子贡曰："必不得已而去，于斯二者何先？"曰："去食。自古皆有死，民无信不立。"——《论语·颜渊》

【注释】

①问政：请教为政之道。

②斯：这。

【翻译】

子贡向孔子请教为政之道。孔子说："（只要）粮食充足，军备充足，百姓信任（就可以了）。"子贡问："如果迫不得已要去掉一个，这三者中先去掉哪一个？"孔子说："去掉军备。"

子贡又问："如果迫不得已还要去掉一个，在这两者中先去掉哪一个？"孔子说："去掉粮食。自古以来人总是要死的，如果老百姓对统治者不信任，那么这个国家就不能存在下去了。"

【解读】

孔子认为治理国家有三个重要条件："足食""足兵""民信之"。在这三者之中，食物和军备很重要，但只能排第二和第三，最重要的是统治者要取信于民。百姓不信任执政者，国家就会垮掉。为政要信守诚信，诚信是执政者取信于民的关键。"自古皆有死，民无信不立"，孔子认为诚信比生死更重要，这里的"不立"还可以理解为"民不立"，即对人而言，不守诚信，就不会有立足之地。

【选文】

子贡问曰："何如斯可谓之士矣？"

子曰："行己有耻，使于四方，不辱君命，可谓士矣。"

曰："敢问其次。"

曰："宗族称孝焉，乡党称弟焉①。"

曰："敢问其次。"

曰："言必信，行必果，硁硁然小人哉②！抑亦可以为次矣③。"

曰："今之从政者何如？"

子曰："噫！斗筲之人④，何足算也？"

——《论语·子路》

【注释】

①乡党：乡族朋友，古代五百家为党，一万两千五百家为乡。弟：后作"悌"，敬爱兄长。

②硁硁（kēng）然：浅薄固执的样子。

③抑：表语气，相当于"或许""或者"。

④斗筲（shāo）之人：指器量狭小的人。斗，古代量器名；筲，竹筐，容量不大；斗、筲，喻度量的狭小。

【翻译】

子贡问："怎样才可以称得上是士？"

孔子说："做事有羞耻之心，出使外国能很好地完成国君交付的使命。这样的人可以称得上是士了。"

子贡说："请问次一等的。"

孔子说："宗族称赞他孝顺父母，乡亲们称赞他尊敬兄长。"

子贡说："请问再次一等的。"

孔子说："说话一定守信，做事一定要有结果，这些地位低下、见识浅薄的人，或许也可以算是再次一等的士吧。"

子贡说："现在的执政者，您看怎么样？"

孔子说："唉！这些器量狭小的人，哪里能算得上呢？"

【解读】

"士"是先秦时期最低级的贵族阶层，春秋末年以后，逐渐成为统治阶级中知识分子的统称，也可以是对品德好、有学识或有技艺的人的美称，孔子解释的"士"是指品德好、有学识的人。关于"士"的标准，孔子把它分为三个层次，按这三种看来，"言必信，行必果"的"士"属最后一个档次的，他们之所以能够称得上是"士"，是因为他们讲诚信。在孔子看来，当今的统治者，是些器量狭小的人，连最低的"士"的标准都达不到，这是因为他们没有诚信。"信"是儒家思想的核心之一，但是孔子对诚信也有一定的规范，并不是要求事事承诺，承诺了必须做到，而是要明辨是非，有自己的道德准则和要求，根据具体情况通权达变。对于那些偏执于"言必信，行必果"不知变通的人，孔子认为他们是浅薄固执之人，孟子继承了孔子的这一思想，即在其《孟子·离娄下》中说："大人者，言不必信，行不必果，惟义所在。"

【选文】

孔子曰："益者三友，损者三友。友直，友谅①，友多闻，益矣。友便辟②，友善柔③，友便佞④，损矣。"——《论语·季氏》

【注释】

①谅：诚信。

②便辟：指谄媚逢迎。便，熟习，巧于；辟，通"僻"，邪僻。

③善柔：善于用柔弱骗人，即不诚信。

④佞：巧言善辩，谄谀。

【翻译】

孔子说："有益的朋友有三种，有害的朋友有三种。和正直的人交友，和诚信的人交友，和见闻广博的人交友，是有益的。和善于谄媚的人交友，和不讲诚信的人交友，和夸夸其谈的人交友，是有害的。"

【解读】

诚信是人与人之间正常交往的基本原则，也是基本的交友之道，所以孔子说"与朋友交，言而有信"（《论语·学而》）。在社会生活中，朋友对一个人的影响很大，朋友关系也是五种伦理关系之一，孔子认为并不是所有的人都值得结交，结交朋友也应该有所选择，他提出了交友的"三交""三不交"原则，也就是"三益三损"。和正直的人交友，能帮助自己明辨是非曲直，和诚信的人交友，不至于受欺受骗，和见闻广博的人交友，能增长见识，这三种朋友是值得交往的；而如果和巧言令色、口是心非、表里不一的伪善之人交朋友，他们往往会背后插刀，伤害自己。"近朱者赤，近墨者黑"，所交之友能够影响一个人的品德修养，所以要慎重交友。

三、《左传》

《左传》是儒家十三经之一，共35卷。它既是史学名著，也是文学名著。它还是中国第一部体例完备的编年史著作。相传是春秋末年鲁国史官左丘明根据鲁国国史《春秋》编成，他以《春秋》为纲，仿照《春秋》的体例，按照鲁国君主的次序，记载了自鲁隐公元年至鲁悼公十四年间的历史。《左传》原名《左氏春秋》，到西汉班固时才改称《春秋左氏传》，保存了许多当时社会文化、自然科学等方面的珍贵史料，在史学上占有极其重要的地位，梁启超称

《左传》的出现是"商周以来史界之革命"。

【作者简介】

左丘明（约前502—约前422），春秋末期鲁国都君庄（今山东肥城）人。姓丘，名明，因其父任左史官，故称左丘明。春秋末期史学家、文学家、思想家、军事家，与孔子同时代。左丘明知识渊博、品德高尚，孔子言与其同耻，曰："巧言、令色、足恭，左丘明耻之，丘亦耻之；匿怨而友其人，左丘明耻之，丘亦耻之。"司马迁称其为"鲁之君子"。

【选文】

君子曰："信不由中①，质无益也②。明恕而行，要之以礼③，虽无有质，谁能间之？苟有明信，涧、谿、沼、沚之毛④，苹、蘩、蕴、藻之菜⑤，筐、筥、锜、釜之器⑥，潢污、行潦之水⑦，可荐于鬼神⑧，可羞于王公⑨，而况君子结二国之信，行之以礼，又焉用质？"——《左传·隐公三年》

【注释】

①中：同"衷"，内心。

②质：人质，这里用作动词，指交换人质。

③要（yāo）：约束，禁止。

④涧、谿（xī）：都是指山沟里的水。谿，同溪。沼、沚：都是指水中的小块陆地。

⑤苹：即"萍"，蕨类植物。蘩：白蒿，草本植物。蕴：水草。藻：水中生长的藻类植物。

⑥筐：方筐。筥（jǔ）：圆形的竹筐。锜（qí）：三只脚的釜。釜：用来

烹饪的器皿。

⑦潢（huáng）污：低洼处的积水。行潦（lǎo）：道路上的积水。

⑧荐：进献。

⑨羞：进献。

【翻译】

君子说："诚信如果不是发自内心，即使交换人质也没有用。能够设身处地、将心比心地办事，并用礼仪加以约束，即使没有人质，又有谁能离间他们呢？假如的确有诚意，纵使是山沟、池沼里生长出来的野草，萍、蘩、蕴、藻之类的野菜，筐、筥、锜、釜之类的器皿，低洼处和道路上的积水，都可以用来敬献给鬼神，更可以献给王公，何况品德高尚的君子建立了两国之间的信约，能够遵照礼仪办事，又哪里还用得着人质呢？

【解读】

即便有周全完备的外部防护措施，也不如发自肺腑的真心诚意，即使没有防备，也会让人感觉安心。如果没有发自内心肺腑的真诚，那么借助再多的外力用来约束也无济于事。诚信不仅是一种高尚的品行，更是一种具有丰富内涵的价值观。平日里的人际交往如此，国家之间的外交往来更是如此。曾子说："吾日三省吾身，为人谋而不忠乎？与朋友交而不信乎？传不习乎？"这就强调了诚信的重要性。倘若没有诚信，纵使是冬虫夏草，都不如野菜、野草有价值。嘴上说得天花乱坠，内心却另有打算，想着通过欺诈以从中获利。交往若连最起码的信任都没有，即使有最严密的外部防范措施，也不如有发自肺腑的诚信更能使人感觉可靠。

【选文】

公曰："衣食所安，弗敢专也^①，必以分人。"对曰："小惠未徧^②，民弗从也。"公曰："牺牲、玉帛^③，弗敢加也^④，必以信^⑤。"对曰："小信未孚^⑥，神弗福也。"公曰："小大之狱，虽不能察，必以情。"——《左传·庄公十年》

【注释】

①专：专享，独占。

②徧：通"遍"，遍及，普遍。

③牺牲：祭祀用的牛、羊、猪。帛：丝织品。

④加：夸大，虚报数目。

⑤信：真实，诚信。

⑥孚：信服。

【翻译】

鲁庄公说："衣食这类赖以生存的物品，我不敢独自占有，一定会分给别人。"曹刿说："这种小恩小惠没有遍及每个民众，他们是不会跟随您去打仗的。"鲁庄公说："祭祀用的三牲和玉帛，我不敢夸大数量，对神灵绝对忠实诚信。"曹刿说："这是小诚信，还不算大的诚信，神灵不会给您降福的。"鲁庄公说："大大小小的案件，即使不能明察，也必定会按照实际情况来评判。"

【解读】

鲁庄公在与曹刿的论谈中，能不因阶级地位悬殊而对曹刿有所隐瞒。相反，他真诚地表明平日里对待百姓的态度，以及在物品、财产方面对百姓的坦诚。二人的对话告诉我们，"诚信"并不局限于日常小事当中，它也完整地体现在重大事件上。诚信无所不在，无处不存。而诚实地待人接物，实事求是地做事，这是执政成事的关键。

【选文】

冬，秦饥①，使乞籴于晋②，晋人弗与。庆郑曰："背施无亲③；幸灾不仁；贪爱不祥；怒邻不义。四德皆失，何以守国？"虢射曰："皮之不存，毛将安傅④？"庆郑曰："弃信背邻，患孰恤之？无信患作；失援必毙，是则然矣。"虢射曰："无损于怨而厚于寇⑤，不如勿与。"庆郑曰："背施幸灾，民所弃也。近犹雠之⑥，况怨敌乎？"弗听，退曰："君其悔是哉⑦！"——《左传·僖公十四年》

【注释】

①饥：发生饥荒。

②籴（dí）：购买粮食。

③庆郑：晋国大夫。背施：背弃恩惠。

④虢射：晋国大夫。傅：通"附"，依附。

⑤损：削减。厚：增加。

⑥雠：通"仇"，仇敌。

⑦其：将要。是：指示代词，这。

【翻译】

冬季，秦国发生饥荒，派人到晋国去购买粮食，晋国人不同意。庆郑说："背弃恩惠就没有亲近的人，幸灾乐祸就是不仁，贪图所爱惜的东西就是不祥，使邻国愤怒就是不义。这四种道德都丢掉了，还能用什么来保卫国家？"虢射说："皮已经不存在了，毛又能依附在哪里呢？"庆郑说："丢弃信用，背弃邻国，陷入灾难时有谁会来救济？没有信用就会引发灾祸，失去了援助，必定灭亡，这绝不是瞎说的。"虢射说："即使给了粮食，怨恨也不会减少，反而会增强敌人的实力，与其这样倒不如不给。"庆郑说："背弃恩惠，幸灾乐祸，是百姓所唾弃的，亲近的人还会因此结仇，何况是仇敌呢？"晋惠公不听，庆郑退下来说："国君会因为这件事后悔的。"

【解读】

僖公十三年，晋国发生饥荒，秦国救灾恤邻，输粟于晋。第二年秦国遇饥荒向晋国买粮，晋惠公却没答应。在本段内容中，庆郑与虢射围绕是否给秦国粮食这一件事，从"亲、仁、祥、义"的角度论述在治国安邦和邻邦友好层面有关"诚信"的重要性；虢射从自身利益的层面论述了明哲保身的重要性。相比之下，庆郑的观点更有价值。因为诚信是一个国家、一个人安身立命的根本，如果国与国交往背信弃义，不守承诺，就不会得到别人的信任，遇到灾难就没人帮助，"得道者多助，失道者寡助"，因此难以保国安民。到僖公十五年，秦国果然伐晋，晋军兵败，晋国国君晋惠公被俘。

【选文】

穆伯如齐①，始聘焉②，礼也。凡君即位，卿出并聘③，践修旧好④，要结外援⑤，好事邻国，以卫社稷，忠、信、卑让之道也。

忠，德之正也；信，德之固也；卑让，德之基也。——《左传·文公元年》

【注释】

①穆伯：即鲁国大夫公孙敖。

②聘：聘问，一种礼仪活动。

③并：遍，普遍。

④践：同"缵"，继。

⑤要：通"约"，约定。

【翻译】

穆伯到齐国去，开始进行聘问，这是合乎礼法的。凡是国君登基，官卿出国普遍进行聘问，继续维护与他国往日的友好关系，团结外援，善待邻邦，保卫国家，合乎"忠""信""卑让"这些道义。"忠"，即道德的纯正；"信"，即道德的巩固；"卑让"，即道德的基础。

【解读】

"忠""信""卑让"都是重要的价值观念，不仅是政治道德的基础，也是个人修养的前提。重视"诚信"的价值，团结外援，善待邻国，努力修缮与别国在外交关系上的裂隙，"忠""信"是国与国之间交流的关键原则。

【选文】

三月，晋伯宗、夏阳说、卫孙良夫、宁相、郑人、伊雒之戎、陆浑、蛮氏侵宋①，以其辞会也②。师于鍼③，卫人不保④。说欲袭卫，曰："虽不可入，多俘而归，有罪不及死。"伯宗曰："不可。卫唯信晋，故师在其郊而不设备⑤。若袭之，是弃信也。虽多卫俘，而晋无信，何以求诸侯？"乃止。——《左传·成公六年》

【注释】

①夏阳说：晋国大夫。蛮氏：即戎蛮。

②其：指代宋国。辞会：推辞盟会。

③鍼：卫邑名。

④保：戒备。

⑤设备：部署防备。

【翻译】

三月，因宋国拒绝参加盟会，晋伯宗、夏阳说、卫国孙良夫、宁相、郑人、伊雒戎人、陆浑、蛮氏入侵宋国。军队驻扎在鍼地，卫国人轻于防范，夏阳说想袭击卫国，他说："即使不能攻入城内，也能多抓一些俘虏回来，纵使有罪也不致被处死。"伯宗说："不行。卫国轻于防守是因为相信晋国，所以我们军队驻扎在他们的郊外也不加防备，如果袭击他们，我们就丢弃了信用。虽然多抓了卫国俘虏，但对晋国却失去了信用，今后用什么去获得诸侯的拥戴呢？"于是就停止了行动。

【解读】

伯宗深明大义，他深知晋卫之间建立起信任关系不易。虽然袭击卫国有利于自身的利益，但比起利益，"诚信"显得更为重要。一个连"诚信"都难以坚守的国君，如何保证臣子对其信任。一个不讲求"诚信"的国家，它的友邦如何安心与其建立合作、共赢的友好关系，如何获得他国的尊重？晋伯宗重视诚信轻视利益，这是正确的。

【选文】

辛巳^①，将盟于宋西门之外。楚人衷甲^②，伯州犁曰："合诸侯之师，以为不信，无乃不可乎？夫诸侯望信于楚，是以来服。若不信，是弃其所以服诸侯也。"固请释甲。子木曰："晋、楚无信久矣，事利而已^③。苟得志焉，焉用有信？"大宰退^④，告人曰："令尹将死矣，不及三年。求逞志而弃信^⑤，志将逞乎？志以发言，言以出信，信以立志，参以定之^⑥。信亡，何以及三^⑦？"赵孟患楚衷甲，以告叔向。叔向曰："何害也？匹夫一为不信，犹不可，单毙其死^⑧。若合诸侯之卿，以为不信，必不捷矣。食言者不病^⑨，非子之患也。夫以信召人，而以僭济之^⑩，必莫之与也，安能害我？"——《左传·襄公二十七年》

【注释】

①辛巳：七月初五。

②衷甲：把皮甲穿在外衣内。衷，内。

③事利：只做对我们有利的事情。

④大宰：即伯州犁。

⑤逞：满足。

⑥参以定之：参照言、信、志来确定。

⑦何以及三：怎么能活到三年。

⑧单：通"殚"，尽。

⑨不病：不足以困乏人。病，困乏。

⑩憍：虚假。

【翻译】

七月初五，各诸侯国准备在宋国西门外边结盟。楚国人在外衣里边穿着皮甲，伯州犁说："会合结盟诸侯国军队，却做出不信任别人的事情，恐怕不可以吧？各诸侯仰慕有诚信的楚国，因此才前来归顺。如果不信任别人，这就丢掉了用来使诸侯顺服的东西。"他坚决恳请让楚国士兵脱去皮甲。子木说："长久以来，晋国和楚国之间互不信任，怎么对我方有利就怎么做。如果能如愿，哪里用得着信用呢？"伯州犁退下了，告诉别人说："令尹不久就要死了，不会超出三年。为了满足个人想法而丢弃信用，想法就果真能满足吗？有了想法就说，说出来就要有信用，有信用就加强想法，详细参考这些后才能确定。信用丢失了，怎么能超过三年呢？"赵孟担心楚国人外衣里面穿皮甲，就把这件事告诉了叔向。叔向说："有什么危害呢？一个人一旦做出不守信用的事情，就会不得善终。如果联合诸侯的公卿做出不守信用的事情，那必然不会成功。说话不算话的人不能给人带来危害，这不是您的祸患。用信用召集别人，却又私自欺诈，必然没有人帮助他，哪里能危害我们呢？"

【解读】

诸侯国因楚国的诚信口碑才毫无防备地同他结盟，但楚人的所作所为是对他国的不信任。国家若能以诚信为本，这不仅有助于取信于百姓，更会增强国际信誉，提升国家综合国力。如果连最起码的诚信都没有，何谈友谊？何谈合作？诚信是国家形象、国家荣誉的基石，是国与国交往的基础。在当今世界，作为一个拥有五千年文明的国家，我们遵循着互信互利的国际交往准则，积极承担着国际责任，建立了国家诚信，树立了国际声望，成为一个国际公认的负责任大国，这就是对诚信的完美诠释。这也说明诚信是为政之本、立国之基。

【选文】

叔弓聘于晋①，报宣子也。晋侯使郊劳。辞曰："寡君使弓来继旧好②，固曰：'女无敢为宾③！'彻命于执事④，敝邑弘矣⑤。敢辱郊使！请辞。"致馆，辞曰："寡君命下臣来继旧好，好合使成，臣之禄也⑥。敢辱大馆！"叔向曰："子叔子知礼哉！吾闻之曰：'忠信，礼之器也⑦。卑让，礼之宗也⑧。'辞不忘国，忠信也；先国后己，卑让也。《诗》曰：'敬慎威仪，以近有德。'夫子近德矣。"——《左传·昭公二年》

【注释】

①聘：聘问。

②继：延续。旧好：往日交好。

③女：通"汝"，你。

④彻命：把命令传达。执事：指主管政事的人，也是对对方的尊称。

⑤弘：宏大。

⑥禄：福分。

⑦器：载体。

⑧宗：主干。

【翻译】

（鲁国大夫）叔弓到晋国进行聘问，这是为了向韩宣子回礼。晋平公派人在郊外慰劳，叔弓辞谢说："我的君主派我前来延续过去的友好关系，强调说'你不要把自己作为宾客啊'，只要把我们的意思传达给主政者，那我们小国就大有光彩了，怎么敢劳烦到郊外慰劳我呢？请允许我推辞。"晋国使者请他住在驿馆，叔弓辞谢说："我的君主命令下臣前来延续两国之间的友好关系，两国友好结合，这就是下臣的福分，怎么敢住进这么好的馆舍！"叔向说："叔弓您懂得礼啊！我听说：'忠信是礼的容器，卑让是礼的根本。'言辞之中不忘记国家，这是忠信，先国家后自己，这是卑让。《诗经》说：'不要滥用威仪，亲近有德行的人。'先生已经接近贤德的地步了。"

【解读】

诚信，作为道德体系的核心理念，不仅具有内在的道德属性，还具有外在的实践性质。它不仅仅是简单的内在修养，更是体现在社会实践和日常生活中的行为准则，礼仪规范以忠信为根本。叔弓用他个人的谨言慎行和时刻为国家着想的行动，体现了对别国的尊敬和建立友好关系的诚意，不仅加深了与他国使者之间的信任感，还提升了本国形象。用行动表明诚信不仅代表着真实、真诚的行为准则，也展示着个人道德修养和国家的形象。

【选文】

君子之言，信而有征①，故怨远于其身。小人之言，僭而无征②，

故怨咎及之。——《左传·昭公八年》

【注释】

①信：言语真实。征：征验，证明，有表露出来的迹象。

②僭：虚假。

【翻译】

君子的话，诚实而有征验，所以怨恨远离他。小人的话，虚伪而没有征验，所以怨恨和灾祸降到他身上。

【解读】

该段围绕诚信这一主旨，对君子与小人在言行中的不同表现与承受的结果进行阐释，告诫我们无论是在传统社会还是在当今社会，诚信都是评价个人道德水准的标尺。如若不诚信，就会招致怨恨和灾难。从古到今，这样的例子太多了。

四、《老子》

老子为出函谷关著有五千言的《老子》，又名《道德经》或《道德真经》。《道德经》《易经》和《论语》被认为是对中国人影响深远的三部思想巨著。《道德经》分为上下两篇，共81章，前37章为上篇《道经》，第38章及以下为下篇《德经》，全书的思想体系是：道是德的"体"，德是道的"用"。《道德经》是后来的称谓，最初这本书被称为《老子》。其成书年代过去多有争论，不过根据1993年出土的郭店楚简《老子》年代推算，成书年代至少在战国中前期。

【作者简介】

老子（约前571—前471），姓李名耳，字聃，一字或曰谥伯阳。出生于春秋时期楚国苦县历乡曲仁里（今河南鹿邑）。中国古代伟大的哲学家和思想家，道家学派创始人，被唐朝帝王追认为李姓始祖。老子乃世界文化名人，世界百位历史名人之一。其思想的精华是朴素的辩证法，主张无为而治，其学说对中国哲学发展具有深刻影响，《老子》是全球出版发行量最大的著作之一。在道教中，老子被尊为道教始祖。老子与后世的庄子并称"老庄"。在修身方面，老子是道家性命双修的始祖，讲究虚心实腹、不与人争的修持。在政治上，老子主张无为而治、不言之教。在权术上，老子讲究物极必反之理。

【选文】

太上①，不知有之，其次亲而誉之②，其次畏之，其次侮之。信不足焉，有不信焉！悠兮，其贵言③。功成事遂④，百姓皆谓"我自然"。——《老子》第十七章

【注释】

①太上：至上，指最高层次。

②誉：赞美。

③贵言：惜言如金。

④遂：完成。

【翻译】

最好的统治者，人民并不知道他的存在；次等的统治者，亲和爱民，老百姓都赞美他；再次等的统治者，老百姓对他畏惧服从；最次等的统治者，老百姓不但不服从他，还轻蔑他。信用不足的人，人们才不信任他。所以最好的统治者悠闲无为，很少发号施令。事情办成功了，老百姓们都说："我们本来就是这样的。"

【解读】

老子信奉"无为而治"，他认为最好的统治者就是"无为而治"的状态，最好的民风是"自然"、返璞归真，而这些都是因为"信"。统治者不诚信，百姓就不信任他，圣君明主治理天下，不能哄骗百姓，不能失去百姓的信赖，否则招致百姓"侮之"。所以，在道家思想中，"诚信"是"无为而治"的重要前提。

【选文】

圣人常无心①，以百姓心为心。善者，吾善之；不善者，吾亦善之，德善。信者，吾信之；不信者，吾亦信之；德信。——《老子》第四十九章

【注释】

①常无心：一本作"无常心"，马王堆出土帛书写作"恒无心"，意为长久保持无私心。

【翻译】

圣人常常是没有私心的，把百姓的欲望当作自己的欲望。善良的人，我以善良对待他；不善良的人，我也以善良对待他，这样天

下人就都善良了。诚信的人，我以诚信对待他；不诚信的人，我也以诚信对待他，这样天下人就都诚信了。

【解读】

老子认为，圣人常常是没有私心的，讲求善与信。圣人能够做到超越自我即把百姓的欲望当作自己的欲望，所以，对于百姓，无论是善良的人还是不善良的人，圣人都能够做到用善来因势利导，使人向善；对于百姓，无论是秉持诚信的人还是背弃诚信的人，圣人都能够做到用信来引导他们，使人守信。在老子看来，这是一种"德"的体现，"德"是诚信智慧存在的本性依据，它使诚信得以具体存在和运行。对于"德"的诚信品格，它没有私欲，既能够提高自我修养，又能够使别人提高修养。

【选文】

轻诺必寡信①，多易必多难。——《老子》第六十三章

【注释】

①寡：少。

【翻译】

轻易许下诺言的，必定缺少信用。把事情设想得很容易的话，真正做起来一定会有更多的麻烦。

【解读】

并不是所有的承诺都代表诚信，也不是所有容易的事情都能成功。我们不要轻易许诺，许诺前要仔细思考是否能践行，但只要许诺了就要认真践行，不要失去信义；同时也不要轻视我们所遇到

的事情或者对手，否则我们肯定会在做事的过程中因缺乏必要准备而失败。

【选文】

信言不美①，美言不信。善者不辩②，辩者不善。知者不博③，博者不知。——《老子》第八十一章

【注释】

①信言：真实可信的话。信，真实。

②辩：巧辩，能说会道。

③知：通"智"。博：向别人展示自己渊博的知识。

【翻译】

真实可信的话不中听，中听的话往往不可信。善良的人不巧辩，巧辩的人往往不善良。有智慧的人不向别人展示自己的渊博学识，向别人展示自己学识的人其实不智慧。

【解读】

"信言不美，美言不信"，真实的话语往往是质朴无华的，那些听起来华美的语言往往不真实可信。一方面，告诫世人要"言善信"；另一方面，也告诉人们不要被华丽的言辞所迷惑。

"善者不辩，辩者不善"，只有不善良的人才需要通过巧辩来为自己开脱罪名，善良的人不需要这种巧辩，巧辩的人往往是要通过语言来掩盖不善的行为，孔子也说："巧言令色，鲜矣仁。"

"知者不博，博者不知"，真正有智慧的人不炫耀自己懂得多，总是炫耀自己懂得多的人，看似有智慧，实则愚昧。

这三句话讲的是同一个意思：不要被华美的外表所迷惑，真正好的东西都是"自然"的，内外一致，无须修饰。这里的"自然"，就是东西本身的样子，其内在和外在一样并不需过多修饰，这就是"诚"。这三句话也教给了我们怎样辨别一个人是不是"诚"的方法。

但是，形式和内容并非全然相反，不能统一。

五、《墨子》

《墨子》分两部分。一部分是记载墨子言行，主要反映了前期墨家的思想。另一部分《经上》《经下》《经说上》《经说下》《大取》《小取》等6篇，一般称作《墨辩》或《墨经》，着重阐述墨家的认识论和逻辑思想，反映了后期墨家的思想。这一部分在逻辑史上被称为后期墨家逻辑或墨辩逻辑（古代世界三大逻辑体系之一，另两个为古希腊的逻辑体系和佛教中的因明学），其中还包含许多自然科学的内容，特别是天文学、几何光学和静力学。《墨子》内容广博，涉及政治、军事、哲学、伦理、逻辑、科技等方面，是研究墨子及其后学的重要史料。西晋鲁胜、乐壹都为《墨子》一书作过选文注释，可惜已经散失。如今的通行本有孙诒让的《墨子间诂》、吴毓江的《墨子校注》以及《诸子集成》所收录的版本。

【作者简介】

墨子（约前468—前376），名翟，战国初期宋国人，一说鲁人，一说楚人。墨家学派的创始人，战国时期著名的思想家、教育家、科学家、军事家。墨家在先秦时期影响很大，与儒家并称"显学"。他提出了"兼爱""非攻""尚贤""尚同""天志""明鬼""非命""非乐""节葬""节用"等观点。以兼爱为核心，以节用、尚贤为支点。墨子创立了以几何学、物理学、光学为突出成就的一整套科学理论。在战国时期，有"非儒即墨"之说。墨子死后，墨家分为相里氏之墨、相夫氏之墨、邓陵氏之墨三个学派。其弟子根据墨子生平事迹，收集其语录，完成了《墨子》一书并传世。

【选文】

信，言合于意也。——《墨子·经上》

【翻译】

诚信，就是言语符合心意。

【解读】

墨子在这里似乎是给"信"下了一个定义，言为心声，言语本身就是为了表达心意的，但是说出的话有的和心意相符，有的和心意相背，即有真话假话。当说出的话和心里想法相合时，就是信。这里的"信"，是针对个人本身而言的，强调内心真实的想法，和"诚"意义更近。

【选文】

志不强者智不达①，言不信者行不果②，……行不信者名必

耗③。——《墨子·修身》

【注释】

①达：畅达，通畅。

②果：果敢，有决断。

③耗：通"耗"，亏损。

【翻译】

志向不坚定的人，智慧就得不到充分的发挥，讲话不守信用的人，他的行动就不会果敢，……行为不讲求诚信的人，他的名誉必定败坏。

【解读】

凡是能成就大事的人一定有坚强的意志来作为其精神支柱，意志坚强，才能充分地发挥智慧；如果没有坚强不屈的意志和坚韧不拔的毅力，即使有超人的智慧，也难以有所作为。言语诚实是一个人诚信的基础，做人诚信是一个人立身之本，为人之道，做官之要。"信"为"德"之首，一个没有诚信的人无论走到哪里都不会受欢迎，信口雌黄、左右逢源、耍小聪明只能得意一时，终不是长久之计。但"信"不仅仅是针对言语而言，也有对行为的要求，行为不守信用的人，其名声也必将败坏。做到言行均讲诚信，才是诚信之人。

【选文】

凡使民尚同者，爱民不疾①，民无可使，曰：必疾爱而使之，致信而持之②，富贵以道其前③，明罚以率其后④。为政若此，唯欲毋与

我同，将不可得也。——《墨子·尚同下》

【注释】

①疾：尽力。

②致信：表达诚信。持：治理。

③道：通"导"，引导。

④率：约束。

【翻译】

凡是想让百姓遵从"尚同"思想的统治者，如果爱民不深，百姓就不会听从受其驱使。就是说：必须尽力爱民才能管理他们，诚信待民才能更好地治理他们。用富足荣耀的奖励在前面引导，用严明的惩罚在后面约束。像这样来治理国家，即使想让百姓不与统治者一致，都是不可能的。

【解读】

墨家指出，治国之道的关键是要用"尚同"为政的思想来统一百姓的是非观念，由于"义不同"，使得君王所赞誉的、所诋毁的东西与百姓不同，想要"一同天下之义"就要爱民，取信于民。执政者只有力求于爱民才能差遣民众，只有致力于取信于民才能更好地治理民众，只有给予恩惠才能引导民众，只有采用严明的法律才能约束民众，做到这些才能"一同天下之义"。说明爱民、取信于民、富民、法治约束才是治国理政的根本。

【选文】

古者圣王之为刑政赏誉也①，甚明察以审信②。——《墨子·尚

同中》

【注释】

①为：制定。刑政：刑法政策。

②审信：审慎而有信。

【翻译】

古时圣贤的君王无论是制定刑法政策还是赏赐荣誉，都能做到足够明察来体现真实可靠。

【解读】

《墨子·尚同中》主要是天子颁发的规定诸侯大夫责任的文书，要求下级无论遭遇好坏都要向上级如实汇报，上级根据刑法或赏或罚。治理国家，制定刑法政策一定要诚信可靠，惩罚和赏誉也一定要诚信可靠，这样民众才能相信刑政赏誉。为了获得赏誉、避免毁罚，民众才会去积极做好事，不去做坏事，所以古时圣王正是凭借诚信称王于天下的。

六、《孟子》

《孟子》是中国儒家典籍中的一部重要著作，记录了战国时期思想家孟子的治国思想和政治策略，由孟子和他的弟子记录并整理而成。南宋时朱熹将《孟子》与《论语》《大学》《中庸》合在一起称"四书"。自宋、元、明、清以来，人们都把它当作家传户诵的重要典籍。《孟子》是四书中篇幅最大的一本，有35 000字，一直到清末，"四书"一直是科举必考的内容。

【作者简介】

孟子（前372—前289），名轲，字子舆（待考，一说字子车或子居）。邹（今山东邹城东南）人。中国古代著名思想家、教育家，战国时期儒家代表人物。孟子继承并发扬了孔子的思想，成为仅次于孔子的一代儒家宗师，有"亚圣"之称，与孔子合称为"孔孟"。孟子幼年丧父，家庭贫困，曾受业于孔伋（孔子嫡孙子思）的学生。学成以后，以士的身份游说诸侯，想要推行自己的政治主张，到过梁国、齐国、宋国、滕国、鲁国。当时几个大国都致力于富国强兵，孟子的仁政学说被认为是"迂远而阔于事情"，故而孟子没有得到施展的机会。最后退居讲学，和他的学生一起，"序《诗》《书》，述仲尼之意，作为《孟子》七篇"。

【选文】

孟子曰："居下位而不获于上，民不可得而治也。获于上有道：不信于友，弗获于上矣。信于友有道：事亲弗悦，弗信于友矣。悦亲有道：反身不诚，不悦于亲矣。诚身有道：不明乎善，不诚其身矣。是故，诚者，天之道也。思诚者，人之道也。至诚而不动者，未之有也；不诚，未有能动者也。"——《孟子·离娄上》

【翻译】

孟子说："在下位的人，如果得不到在上位者的信任，就不能治理好百姓。得到在上位者的信任是有办法的：取得朋友的信任，得不到朋友的信任，就得不到在上位者的信任。得到朋友的信任是有办法的：侍奉父母，不能够使父母高兴，就不能够得到朋友的信任。使父母高兴是有办法的：诚心诚意，自己不真诚，就不能够使父母高兴。使自己真诚是有办法的：懂得什么是善，不明白什么是善，就不能够使自己真诚。所以，真诚，是天道的法则。追求诚信，是做人的根本原则。待人非常真诚而不能使人感动的，是不存在的；不真诚，是不能够感动人的。"

【解读】

我们常说，"精诚所至，金石为开"，和孟子所说的"至诚而不动者，未之有也；不诚，未有能动者也"是一个意思。如果想治理好百姓，就要"获于上"，想"获于上"就要"信于友"，想"信于友"就要"悦亲"，想"悦亲"就要"诚身"，想"诚身"就要"明善"，这和《礼记·大学》里的"诚意、修身、齐家、治国、平天下"是一个意思，也和《中庸》里的一段话几乎相同。由此可见，"诚"是儒家经典的核心之一。反过来说，一个人若不真诚，就不能感动别人，也不能"悦亲"，继而不能"信于友""获于上"，也就不能治理好百姓。所以，如果无"诚"，一切都无从谈起。

【选文】

孟子曰："有天爵者，有人爵者。仁义忠信，乐善不倦，此天爵也；公卿大夫，此人爵也。古之人修其天爵，而人爵从之。今之人修其天爵，以要人爵[①]，既得人爵，而弃其天爵，则惑之甚者也，终亦必亡而已矣。"——《孟子·告子上》

【注释】

①要：即"邀"，求取，追求。

【翻译】

孟子说："有天赐的爵位，有人授的爵位。仁义忠信，不厌倦地乐于行善，这是天赐的爵位；公卿大夫，这是人授的爵位。古代的人修养天赐的爵位，水到渠成地获得人授的爵位。现在的人修养天赐的爵位，其目的在于获得人授的爵位，一旦得到人授的爵位，便抛弃了天赐的爵位，这可真是糊涂得很啊，最终（他人授的爵位）也必定会失去。"

【解读】

所谓"天爵"是相对于"人爵"而言的，天爵实际上是精神的爵位，内在的爵位，指的是个人的道德修养，即仁义忠信，无须谁来委任封赏，也无法世袭继承。人爵则是偏于物质的、外在的爵位，需要依靠别人的委任或封赏或世袭。孟子把追求个人的功名利禄比作追求人爵，而把提高自己的道德修养，追求仁义忠信的品德比作追求天爵。实际上，追求天爵是追求人爵的基础，一个人如果没有仁义忠信，不乐于行善，就得不到人爵，得不到功名利禄。若一个人达到了人爵便放弃继续追求天爵，那么，他的人爵也终将失去。也就是说，一个人内在的道德修养决定了他是否可以充分实现人生价值和社会价值。

【选文】

孟子曰："万物皆备于我矣。反身而诚①，乐莫大焉。强恕而行②，

求仁莫近焉。"——《孟子·尽心上》

【注释】

①反身：反过头来检查自己的言行得失。

②强恕而行：努力以忠恕之道而行之。强恕，勉力于恕道，勉力于宽仁之道。

【翻译】

孟子说："万物我都具备了。反躬自问诚实无欺，便是最大的快乐。尽力按恕道办事，便是最接近仁德的道路。"

【解读】

一般认为，"万物皆备于我"是个唯心主义命题。一种观点认为，孟子的哲学以"心"为万物之本，"万物皆备于我"，即备于我心，属于主观唯心主义。另一种观点认为，孟子哲学的最高范畴是"天"，"万物皆备于我"是天将万物备于我身，是客观唯心主义。

所谓"万物皆备于我"并不是像有些人所理解的那样，说是"万物都为我而存在"，而是说天地万物我都能够思考、认识，所以天地万物我都具备了，才有"反身而诚，乐莫大焉"这句话，反躬自问，我所认识的一切都是诚实无欺的，所以非常快乐，这是一种认识的快乐、探求真理的快乐。但是，仅有认识与自身的发现还不够，还要"强恕而行"，尽力按恕道办事，来实行仁道。所谓恕道，就是孔子反复强调的"己所不欲，勿施于人"（《论语·卫灵公》），它的积极方面是"己欲立而立人，己欲达而达人"（《论语·雍也》）。总体来说，是一种将心比心、推己及人的宽仁思想，用这种思想来处理人与人之间的关系。如果说，"反身而诚，乐莫大焉"是一种认识的快乐，局限于自身，那么，"强恕而行，求仁莫近焉"就是一种实践的快乐，涉及他人与社会了。

七、《庄子》

《庄子》具有很高的哲学和文学价值，共33篇，分内篇、外篇、杂篇。内篇7篇为庄子所作，外篇15篇和杂篇11篇一般认为是其门人和后学者的伪作。《庄子》的语言运用自如，灵活多变，能把一些微妙难言的哲理说得引人入胜。鲁迅先生称赞说："其文则汪洋辟阖，仪态万方，晚周诸子之作，莫能先也。"《庄子》被人称为"文学的哲学，哲学的文学"。

【作者简介】

庄子（约前369—前286），姓庄，名周，字子休（亦说子沐）。战国时期宋国蒙人，中国古代著名的思想家、哲学家和文学家，是继老子之后道家学派的代表人物。庄周因崇尚自由而不应楚威王之聘，生平只做过宋国地方的漆园吏，史称"漆园傲吏"。庄子最早提出的"内圣外王"思想对儒家影响深远。庄子洞悉易理，深刻指出"《易》以道阴阳"。庄子"三籁"思想与《易经》"三才"之道相合。他的代表作品为《庄子》，其中的名篇有《逍遥游》《齐物论》等。与老子齐名，被称为"老庄"。

【选文】

无行则不信，不信则不任，不任则不利。故观之名，计之利，而义真是也。若弃名利，反之于心，则夫士之为行，不可一日不为乎！——《庄子·杂篇·盗跖》

【翻译】

没有德行就不能取得别人的信赖，不能取得别人的信赖就不会得到任用，得不到任用就不会得到利益。所以，哪怕看在名利的份儿上，也该承认义行的好处。假如抛弃名利，在内心反思，那么士大夫的所作所为，不可以一天不讲仁义！

【解读】

这句话是孔子的学生子张说的，代表儒家的思想，放在这里，庄子持有的是批判的态度。庄子认为，儒家修身是为了取得别人的信任，从而能够得到任用，能够获取名利。儒家讲究入世，而道家讲究出世。入世则是要积极投入到社会活动中去，对名和利有所追求，出世则要求无为，所以对名利有所淡化，"从天之理，顺其自然"。从积极入世的角度看这段话，说明一个人要想取得名利地位，前提是必须有德行，讲仁义，无德之人不会得到别人的信任和任用。

【选文】

修胸中之诚，以应天地之情而勿撄①。——《庄子·杂篇·徐无鬼》

【注释】

①撄：扰乱。

【翻译】

修养心中的诚意，从而顺应自然的真情而不去扰乱其规律。

【解读】

《庄子》强调人要遵守道德，诚实守信，正直无私，要培养胸中的诚心。而且认为诚实守信的标准不是"仁义礼智"，而是"应天地之情"，主张人的精诚之心要与自然的规律相吻合，要遵循"道"的法则，而不要用人为的、世俗的因素去扰乱它。《庄子》批判儒家的"仁义礼智"等道德准则，认为世间的礼仪法度和道德标准都是一定社会背景的产物，都会有一定的利益倾向性，也都会依据时代的不同而有所变化，所以人们在遵守孝、悌、仁、义、忠、信、贞、廉这些道德规范，并以此自我约束、自我勉励的同时，就已经被它们所束缚，使自己对道德的认识拘泥在一定的方面，可谓一叶障目，不见"诚信"之本然。在《庄子》的思想体系中，"道"是至善至美的，"诚信"只有遵循"道"的规律，以"道"为标准，才是人之至情至性的展现，才是至诚至信。《庄子》此说旨在说明遵循自然规律的重要性。

八、《荀子》

《荀子》一书为战国末期荀况及其弟子所著。荀况本为孙氏，故此书又称《孙卿对书》或《孙卿子》。西汉刘向整理时定为32

篇，其内容大致可分为三类：一类是荀子亲手所著的，共22篇；一类是荀子弟子所记录的荀子言行，共5篇；一类是荀子及弟子所引用的材料，共5篇。前两类是研究荀子思想的直接材料，是《荀子》一书的主体。

【作者简介】

荀子（前313—前238）名况，字卿，战国末期赵国人，曾游学于齐，当过楚国兰陵令。后来失官居家著书，死后葬于兰陵。中国古代思想家、教育家，先秦儒家最后的代表人物，朴素唯物主义思想集大成者。韩非和李斯都是他的学生。他反对迷信天命鬼神，肯定自然规律是不以人的意志为转移的，并提出"制天命而用之"的人定胜天的思想。他强调教育和礼法的作用，主张治理天下既要靠"法制"，又要重视教化兼用"礼"治，强调"行"对于"知"的必要性和后天学习的重要性，认为后天环境和教育可以改变人的本性。

【选文】

君子养心莫善于诚，致诚则无它事矣，唯仁之为守，唯义之为行。诚心守仁则形，形则神，神则能化矣；诚心行义则理，理则明，明则能变矣。变化代兴①，谓之天德。天不言而人推高焉，地不言而人推厚焉，四时不言而百姓期焉。夫此有常，以至其诚者也。君子至德，嘿然而喻②，未施而亲③，不怒而威。夫此顺命，以慎其独者也。善之为道者，不诚则不独，不独则不形，不形则虽作于心、见于色、出于言，民犹若未从也，虽从必疑。天地为大矣，不诚则不能化万物；圣人为知矣，不诚则不能化万民；父子为亲矣，

不诚则疏；君上为尊矣，不诚则卑。夫诚者，君子之所守也，而政
事之本也。唯所居，以其类至；操之，则得之；舍之，则失之。操
而得之，则轻；轻，则独行；独行而不舍，则济矣。济而材尽，长
迁而不反其初，则化矣。——《荀子·不苟》

【注释】

①代兴：更迭兴起。

②嘿然而喻：虽沉默不言人们却能明白（其至德）。嘿然，沉默无言的样
子；嘿，同"默"。

③施：给予恩惠。

【翻译】

真诚是君子修养身心的最好方式，做到了真诚，那就无须顾
及其他事情，只要守住仁德，只要奉行道义就足够了。真心实意地
坚持仁德，就能在言行上表现出来，通过言行上的表现能升华到精
神层面，就能感化别人了；真心实意地奉行道义，就会变得理智，
理智能够使人明察事理，明察事理就能随机应变。"变"与"化"
的发展更迭兴起，这叫作天德。上天不说话而人们都推崇它高远，
大地不说话而人们都推崇它深厚，四季不说话而百姓都知道春、
夏、秋、冬变换的时期。这些都是因有常规，而使人觉得它具有真
诚的品质。君子有了极高的德行，虽沉默不言，人们也都明白；即
使没有给人恩惠，人们却亲近他；不用发怒，却很威严。这是顺从
了天道，因而才能在独自一人时也谨慎不苟。善于修治"道"的人
明白，如果不真诚，就不能慎独；不能慎独，道义就不能在日常行
动中表现出来；道义不能在日常行动中表现出来，那么即使发自内

心，表现在脸色上、发表在言论中，人们仍然不会顺从他；即使顺从他，也一定迟疑不决。天地地位崇高，不真诚就不能化育万物；圣人是明智的，不真诚就不能感化万民；父子之间是亲密的，不真诚就会疏远；君主是尊贵的，不真诚就会受到鄙视。真诚，是君子的操守，政治的根本。只要立足于真诚，同道之人就会聚拢前来；保持真诚，会获得朋友；丢掉真诚，会失去朋友。保持真诚而获得了朋友，那么感化他们就容易了；感化他们容易了，那么慎独的作风就能流行了；慎独的作风流行了再紧抓不放，那么人们的真诚就养成了。人们的真诚养成了，他们的才能就会完全发挥出来，永远地使人们趋向于真诚而不回返到他们邪恶的本性上，那么他们就完全被感化了。

【解读】

"苟"有不合理之义，不苟则是恰当合理。《荀子·不苟》通过对君子的描述，表达了作者心中理想的君子标准。君子以礼义治国，以诚信养心，以自律而求同志。作者在文中提出"法后王"的思想："百王之道，后王是也。君子审后王之道，而论于百王之前。"后王，指商汤、周文王和周武王（一说指当代君主），荀子重视后王，希望能有人像他们那样治理国家。

荀子由天道以言人事，倾向于从外在政事上强调"诚"的重要性。他认为"天不言……以至其诚者也"，以为"诚"是天地四时最为重要的本性，进而认为"诚"对于天地化育万物，对于圣人之化万民，对于处理父子关系，对于树立君主的权威都具有极其重要的意义，"天地为大……不诚则卑"。所以"诚"是君子应该坚守的道德品质，也是国家政事之本，"夫诚者，君子之所守也，而政事之本也"，可以说，"诚"连接了内圣与外王，是由内而外的逻辑进程。就君子的道德修养而言，君子以仁义为本，但仁义必须以"诚"行之，仁是内心之守，义是外在之行，内有仁之为守，外有义之为行，便可以达到至诚的境界。诚心守仁，诚心守义，就能神明又有理智，就能感化别人，进而改变别人。能变能化则与天德相合，足以说明"诚"是君子修身之本。

【选文】

有通士者，有公士者，有直士者，有悫士者①，有小人者。……庸言必信之，庸行必慎之，畏法流俗，而不敢以其所独甚，若是则可谓悫士矣。

言无常信，行无常贞②，唯利所在，无所不倾，若是则可谓小人矣。

公生明，偏生暗，端悫生通，诈伪生塞，诚信生神，夸诞生惑。此六生者，君子慎之，而禹、桀所以分也。——《荀子·不苟》

【注释】

①悫（què）：忠厚诚实。

②贞：坚定不移。

【翻译】

有通达事理的人，有公正无私的人，有耿直爽快的人，有忠厚诚实的人，还有小人。……说一句平常的话也一定要诚实守信，做一件平常的事也一定要小心谨慎，不去效法流俗的做派，也不敢自以为是，像这样就可以称为忠厚诚实的人了。

说话经常不守信，行为经常不忠贞，只要是有利可图的地方，就没有不使他倾倒的，像这样就可以称为小人了。

公正就会明察事理，偏私会产生昏庸奸诈；端正诚实会产生通达，欺诈虚伪会产生闭塞；真诚守信会产生神明，大言自夸会招致糊涂。君子要谨慎对待这六种"相生"，这也是禹和桀不同的地方。

【解读】

"诚信生神"，荀子较早地将"诚"和"信"连用，并且荀子的"诚信"常和"神"用在一起，如《荀子·致士》："得众动天，美意延年。诚信如神，夸诞逐魂。"荀子认为"诚"与"神"密切关联，"神"是"诚"之效用的一个特有的表达方式，指的是神秘莫测的变化。诚信如神，神就神在其自然而然却又变化莫测的状态，人们说不清其中的道理，却自有它孕育万物的特殊功用，诚信能带给人许多益处。是否诚信是明君和暴君的区别所在。

【选文】

士君子之所能不能为：君子能为可贵，不能使人必贵己；能为可信，不能使人必信己；能为可用，不能使人必用己。故君子耻不修①，不耻见污②；耻不信，不耻不见信；耻不能，不耻不见用。是以不诱于誉③，不恐于诽④，率道而行⑤，端然正己，不为物倾侧，夫是之谓诚君子。——《荀子·非十二子》

【注释】

①耻：以……为耻。不修：道德不修。

②见：被。

③誉：赞美。

④诽：毁谤。

⑤率道：遵循正道。

【翻译】

士君子能做到的和不能做到的有：君子能做到品德高尚而被人尊重，但不能使别人一定来尊重自己；能做到忠诚老实而被人相信，但不能使人一定相信自己；能做到多才多艺而被人任用，但不能使别人一定任用自己。所以君子以道德不修为耻，而不以被人污蔑为耻；以不诚信为耻，而不以不被信任为耻；以无能为耻，而不以不被任用为耻。因此，君子不被外界的赞美所诱惑，也不被诽谤所吓退，遵循道义来做事，严肃地端正自己，不被外界事物弄得神魂颠倒，这叫作真正的君子。

【解读】

君子应该有自己的原则：要求自己做好而不要求别人称赞自己。君子能够做到诚信为人，诚信处事，即使别人不相信自己、自己得不到任用，仍然要坚守自己的操守。做到这些，才能称得上是真正的君子。君子做到了修炼自身，自然能够影响到他人趋善。这样的君子人格是社会发展所需要的，君子多了，小人就少了。

【选文】

政令信者强，政令不信者弱。——《荀子·议兵》

【翻译】

政策法令有信用的（国家）就强盛，政策法令没有信用的（国家）就衰弱。

【解读】

在荀子看来，人性本恶，"礼"能够对人追求利欲作出一定的限制，但是二者互相有冲突，"不以规矩，不能成方圆"，为确保社会秩序，"礼"的遵循也要诉诸一种强制性，即"法"，荀子的治国思想主要是"隆礼重法"。无论是"礼"还是"法"，"信"都是其中必不可少的部分。《议兵》讲的是荀子的军事思想，他认为军队的强弱取决于国家的政治状况，无论是治军还是治国，均要有法。"法信"，相当于现在所说的"有法必依，执法必严，违法必究"，反之，如果朝令夕改，制定的"法"也将成为一纸空文。所以诚信是治军、治国必须遵循的原则。

【选文】

节威反文①，案用夫端诚信全之君子治天下焉②，因与之参国政，正是非，治曲直，听咸阳，顺者错之③，不顺者而后诛之，若是，则兵不复出于塞外而令行于天下矣；若是，则虽为之筑明堂于塞外而朝诸侯④，殆可矣⑤。假今之世⑥，益地不如益信之务也。——《荀子·强国》

【注释】

①反：通"返"。

②案：语气词。

③错：通"措"，放置，指不讨伐。

④明堂：古代天子宣明政教的官殿，凡朝会、祭祀、选士等大典，均在此举行。朝：使……来朝拜。

⑤殆：副词，表肯定，相当于"必然""必定"。

⑥假今：如今。

【翻译】

节制武力而回到文治上来，任用那些正直忠信的君子来治理天下，并同他们一起参与国家的政事，端正是非，治理曲直，听政于咸阳，顺从的国家就放在一边不去管它，不顺从的国家才去讨伐它。如果能这样，那么秦国的军队不再出动到边塞以外的地方，而政令就能在天下实行了；如果能这样，那么即使在边关以外的地方给秦王建造明堂使诸侯来朝拜，这也必定可行。当今，致力于增加领土实不如致力于增加信用啊。

【解读】

荀子认为：用强力治国是行不通的，依靠暴力获取的利益都是短暂的，以暴制暴虽然成效快，但是不会长久，带来的危害也大，最终也解决不了根本问题。荀子推行礼义治国，认为治理国家需要任用品德高尚、正直忠信的君子，要节制强暴，推行文教，增加信义。以信治国，不用发动军队攻打别的诸侯，别人就会信服，即使位居偏远之地，信服的诸侯也会前来朝拜。

【选文】

凡为天下之要①，义为本而信次之。古者禹、汤本义务信而天

下治②，桀、纣弃义倍信而天下乱③。故为人上者必将慎礼义、务忠信④然后可。此君人者之大本也⑤。——《荀子·强国》

【注释】

①凡：概括之辞。为：治理。要：关键，纲要。

②本义务信：以义为根本、致力于诚信。本，以……为本；务，追求。治：天下安定，太平。

③倍：有本作"背"，违背。

④为人上者：指在上位的人，君主。

⑤君人者：统治人民的人。君，统治。大本：根本。

【翻译】

治理天下的关键，义是根本，诚信在其次。古时候夏禹、商汤立足于义，致力于守信从而天下太平，夏桀、商纣抛弃了义，违背了诚信而天下大乱。所以在上位的人一定要慎重地对待礼义、致力于忠诚守信，然后才可以（统治天下）。这是统治者的根本之策。

【解读】

荀子的治国思想非常看重"礼"的作用，他的"礼"和"义"并称时，多指道德，"礼"和"法"并称时多指制度。这里更强调治国之中道德的作用。"义"和"信"是治理国家的"大本"，夏禹、商汤为其正面论据，夏桀、商纣为其反面论据，荀子提倡继承先王之道，用来为统治者寻求理想的人格榜样。治理天下的目的就是使天下太平，先王"慎礼义""务忠信"的治国之道，值得学习。

【选文】

弓调而后求劲焉，马服而后求良焉，士信悫而后求知能焉①。士不信悫，而有多知能②，譬之其豺狼也③，不可以身尔也④。——《荀子·哀公》

【注释】

①知：通"智"。

②有：通"又"。

③譬：用打比方的方法说明事理，使容易明白。

④尔：通"迩"，接近。

【翻译】

弓首先要使用顺手，然后才能求其强劲；马首先要被驯服，然后才能求其成为良马；人才首先要忠信诚实，然后才求其聪明能干。一个人如果不忠信诚实，却又非常聪明能干，打个比方，他就是豺狼啊，不可以靠近他。

【解读】

《荀子·哀公》主要记载了鲁哀公和孔子的对话，《荀子》收录这篇文章，说明荀子同意并继承了孔子的这些学说。这段话孔子拿拉弓、骑马来比况用人，弓没有使用顺手，再强劲的弓都不能射，马没有被驯服，再好的马都不能骑，人没有诚信，即使再聪慧都不能用。而且，一个人若没有诚信的品格，而又非常聪明能干，就像是豺狼，不仅不能够造福他人，还会害人。所以，"知能"的人要有"信悫"的品德才能让人亲近，诚信是一个人最基本的道德修养，只有诚信的人其聪慧才智得到更好地发挥，才能造福社会。

当今，我们倡导德才兼备，以德为先，也是这个意思。因为有才无德，则"才"越高，危害越大。

九、《管子》

《管子》是中国古代典籍之一，记录了春秋时期管仲及管仲学派的言行事迹。全书以黄老道家思想为主，既提出以法治国的具体方案，又重视道德教育的基础作用；既强调以君主为核心的政治体制，又主张以人为本，促进了农工商业的均衡发展，在中国思想史上具有重要地位。

【作者简介】

管仲（约前723—前645），名夷吾，字仲，谥号敬，春秋时期法家代表人物，颍上（今安徽颍上）人，古代著名的经济学家、哲学家、政治家、军事家。管仲任齐相，大兴改革，助齐桓公称霸。被誉为"法家先驱""圣人之师""华夏第一相"。

【选文】

赏罚不信，则民无取①。——《管子·权修》

【注释】

①取：听从，遵守。

【翻译】

奖赏和惩罚不讲诚信，民众就不会遵守法则。

【解读】

以德治国非常重要，以德治国的同时也要励行赏罚，树立法律的权威。而《管子》就特别强调赏罚要守信，"开必得之门者，信庆赏也""严刑罚，则民远邪；信庆赏，则民轻难""赏庆信必，则有功者劝""信赏审罚，爵材禄能，则强"等，只有做到赏罚有信，民众才能远离邪佞，危难才能减少，奖赏有功劳、守信用的人，民众会因此受到鼓励而向他们学习。让守信之人获得利益，让失信之人付出代价，民众守信并信任官府，国家才会强大。

【选文】

非诚贾不得食于贾①，非诚工不得食于工，非诚农不得食于农，非信士不得立于朝②。——《管子·乘马》

【注释】

①食于贾：即于贾食，依靠经商为生。于，以，凭借。

②立于朝：即于朝立，在朝中做官。于，在。

【翻译】

不是诚信的商人，不得依靠经商为生；不是诚信的工匠，不得依靠做工为生；不是诚信的农夫，不得依靠务农为生；不是诚信的官吏，不得在朝中做官。

【解读】

不但圣人、君主要讲诚信，商、工、农、士等各行各业的从业人员，都要讲诚信，如果不讲诚信，就无立足之本。任何行业不讲诚信，都不能很好地经营。解决问题需要诚信，修身要诚信，治国要诚信，赏罚要诚信，上至圣人、君主，下至各行业人员，人人都要讲诚信，"国无信不立"，"人无信不立"。

【选文】

身仁行义，服忠用信，则王。——《管子·幼官》

【翻译】

以身作则，实行仁义忠信，如此，可就王者之业。

【解读】

治国要力行"仁义忠信"，作为君主要重视以德治国，力行仁义之举，选拔忠信之臣，这样才能成就王业。《管子》将"皇""帝""王""霸"四者进行比较论述，进一步论述"顺于理义"的重要性。四者分别为不同的境界，"明一者皇"，即能够通晓天地万物生成变化道理的，可以成就皇业；"察道者帝"，即明白符合国情的治国之道，日常的作为符合天命，尊敬贤良，施行德政的，可以成就帝业；"身仁行义，服忠用信，则王"，即懂得施行德政以德治民，身体力行仁爱和礼仪，重用忠良，讲究诚实守信的，可以成就其王业；"审谋章礼，选士利械"，即能做到谨慎谋划，明确法令，选用勇士，兵器锐利，懂得征战，善于用兵，战而能胜的，可以成就其霸业，"顺于理义"就要顺于社会的道德规范和行事准则。"道德者王"，成就王业对道德要求很高，要懂得自然运行与人世共通的真理，并能够遵循它，而诚信是其中一个重要的组成部分。

【选文】

先王贵诚信。诚信者，天下之结也①。——《管子·枢言》

【注释】

①结：关键。

【翻译】

古代的君王很重视诚信，诚信，是治理天下的关键所在。

【解读】

《管子》较早地将"诚"与"信"连用，如："中情信诚则名誉美矣"（《管子·形势解》）；"贤者诚信以仁之"（《管子·势》）；"先王贵诚信。诚信者，天下之结也"（《管子·枢言》）等。诚信是治理天下、凝聚人心的精神基础，是天下所有问题的关键所在。团结和维系各方面的关键在于施行德治，令人信服，赢得人心，仗恃权力和权势，只能得到暂时的口服面从，实则貌合神离，而只有诚信，才能令人心悦而诚服，赢得人心，才能赢得天下。

【选文】

圣人之诺已也①，先论其理义，计其可否。义则诺，不义则已；可则诺，不可则已。故其诺未尝不信也。小人不义亦诺，不可亦诺，言而必诺。故其诺未必信也。故曰："必诺之言，不足信也。"——《管子·形势解》

【注释】

①诺已：承诺与否。已，不允许。

【翻译】

圣人对一件事情的承诺与否，首先问它是否合于理义，并估计其可能性。合于"义"则承诺，不合于"义"则不承诺；有可能则承诺，没有可能则作罢。所以他的诺言没有不兑现的。小人则是不义也承诺，没有可能也承诺，一张口就一定承诺。因此他的诺言未必能兑现。所以说："对于不辨事之当否、一概承诺的话，不足以令人相信。"

【解读】

圣人和小人对于承诺有不同的态度，圣人承诺之前就会先考虑它是否合乎理义，考虑它是否可行，而小人则轻易承诺，圣人的承诺均会兑现，而小人的承诺则不可信。作为君主要学习圣人做个可信的人，成为天下人效法的榜样，切不能对那些不合理义的事情也轻易承诺，丧失民心。离开"义"的标准，机械地遵守言行一致的行为规范，不论什么事都一概承诺的人，是不足信的，必然导致对道德责任的否定，从而为所欲为，破坏社会的正常秩序，形成不和睦的人际关系。讲信用是和重义相关联的，背信总是和弃义相连的。信不只是言行一致，而是言行要符合义理。对待事情，不可以轻易许诺，首先要看事情是否符合义理，许诺的事情就要去践行。若不符合义理也许诺，孔子的"言必信，行必果，硁硁然小人哉！"说的就是这种行为。

十、《吕氏春秋》

《吕氏春秋》是秦代杂家的代表作，全书共分26卷，160篇，20余万字。《吕氏春秋》是在秦国相邦吕不韦主持下，集合门客编撰的一部名著。是中国历史上第一部有组织按计划编写的文集，成书于秦王政统一六国前，即秦王政八年（前239年）。此书是以儒家学说为主干，以道家理论为基础，以名、法、墨、农、兵、阴阳家思想学说为素材，熔诸子百家学说为一炉，形成的一套完整的国家治理学说。吕不韦想以此作为大一统后的意识形态。但执政的秦始皇却选择了法家思想，使包括道家在内的诸子百家全部受挫。

【作者简介】

吕不韦（？—前235），姜姓，吕氏，名不韦，卫国濮阳（今属河南）人。战国末年著名商人、政治家、思想家，官至秦国丞相。公元前251年，秦昭襄王去世，太子安国君继位，为秦孝文王，立一年而卒，储君嬴子楚继位（即庄襄王），以吕不韦为相邦，封文信侯，食邑河南洛阳十万户，门下有食客3 000人，家童万人。庄襄王卒，年幼的太子政被立为王，吕不韦为相邦，号称"仲父"，专断朝政。

吕不韦主持编纂《吕氏春秋》（又名《吕览》）。书成之日，悬于国门，声称能改动一字者赏千金，此为"一字千金"典故的由来。执政时曾攻取周、赵、卫的土地，立三川、太原、东郡，对秦王政兼并六国的事业有重大贡献。后因嫪毐集团叛乱事受牵连，被免除相邦职务，出居河南封地。不久，秦王政复命让其举家迁蜀，吕不韦担心被诛杀，于是饮鸩自尽。

【选文】

天行不信①，不能成岁；地行不信，草木不大。春之德风②，风不信，其华不盛③，华不盛则果实不生。夏之德暑，暑不信，其土不肥，土不肥则长遂不精④。秋之德雨，雨不信，其谷不坚⑤，谷不坚则五种不成。冬之德寒，寒不信，其地不刚，地不刚则冻闭不开⑥。天地之大，四时之化，而犹不能以不信成物，又况乎人事？——《吕氏春秋·贵信》

【注释】

①天行不信：天的运行不遵循规律，指节气失调。

②德：事物的属性，这里有表征的意思。

③华：通"花"。

④遂：成。

⑤坚：坚实，指谷粒成熟，坚实饱满。

⑥冻闭不开：指地冻得不能裂开。

【翻译】

天的运行不遵循规律，就不能形成岁时；地的运行不遵循规律，草木就不能生长。春天的特征是有风，风不守诚信，不能按时到来，花就不能盛开，花不盛开，那么果实就不能生长。夏天的特征是炎热，炎热不守诚信，不能按时到来，土地就不肥沃，土地不肥沃，那么植物生长成熟的情况就不好。秋天的特征是雨水，雨不守诚信，不能按时降下，谷粒就不能坚实饱满，谷粒不坚实饱满五谷就不能成熟。冬天的特征是寒冷，寒冷不能按时到来，地就冻得不坚固，地冻得不坚固就会通气。天地如此之大，四时如此变化，尚且不能不遵循诚信生成万物，更何况人事呢？

【解读】

春去秋来、寒来暑往，天地万物按照季节的运行规律遵循着自己的轨迹，这其实也可以被认为是一种有关"诚信"的表现。只有按照季节运行，农业生产才能有条不紊地进行，人类社会才能有充足的物质保障。天地万物若是都遵照这种"守时"的规律运行，那我们人类更应该遵循这种诚信的规则去行事，君王以诚信治天下，天下才会臣服。

【选文】

君臣不信，则百姓诽谤①，社稷不宁。处官不信②，则少不畏长，贵贱相轻。赏罚不信，则民易犯法，不可使令。交友不信，则离散郁怨③，不能相亲。百工不信，则器械苦伪④，丹漆染色不贞⑤。夫可与为始，可与为终，可与尊通⑥，可与卑穷者，其唯信乎！信而又信，重袭于身⑦，乃通于天。——《吕氏春秋·贵信》

【注释】

①诽谤：批评议论，指责。

②处官：居官。

③郁怨：忧愁怨恨。

④苦（gǔ）伪：粗制滥造。苦，粗劣；伪，作假。

⑤丹漆：二者均为颜色，丹，红色；漆，黑色。贞：纯正。

⑥尊通：尊重通达。

⑦重袭：重叠。

【翻译】

君臣不诚信，就会受到百姓的批评指责，国家也会不得安宁。为官不诚信，年少的就会不尊敬年长的，地位尊贵的和地位低下的就会相互轻视。赏罚不诚信，百姓就会轻易犯法，很难役使。结交朋友不诚信，就会离散怨恨，不能互相亲近。各种工匠不诚信，制造的器物就会粗劣作假，红色和黑色等颜料就不纯正。什么东西可用作开端，可用作终止，可以促使尊贵显达，可以招致卑微穷困？大概只有诚信吧！在诚信的基础上继续追求诚信，将诚信融入身体，就能与天道相通。

【解读】

大到治国理政，小到百工作业，交友处事，一概以诚信为本。作为长者，言行要谨慎，因为长者的一言一行潜移默化地影响着幼者。如果能谨言慎行，遵诚守信，那么必定会熏陶着后人秉持"诚信"的信念，完善自身的人格，做品行高尚的人。"诚信"达到极致是可以通天道的。这里反复强调的是"诚信"的重要性。

十一、《孙膑兵法》

《孙膑兵法》，古称《齐孙子》，是《孙子兵法》后兵家的又一力作，反映了战国时期兵家思想的新成就。《孙膑兵法》认为，战争是国家政治生活中解决问题的一种重要手段，只有以强大的武力作为保障，才能够使国家安定、富强，政治和经济条件是决定战争胜负的基础，"强兵"必先"富国"。

【作者简介】

孙膑（生卒年不详），战国时期军事家，出生于阿、鄄之间（今山东阳谷、鄄城一带），是孙武的后代。孙膑曾出仕魏国，因受庞涓迫害遭受膑刑，后在齐国使者的帮助下返回齐国，被齐威王任命为军师，辅佐齐国大将田忌两次击败庞涓，取得了桂陵之战和马陵之战的胜利，奠定了齐国的霸业。

【选文】

将者不可以不义，不义则不严，不严则不威，不威则卒弗死①。故义者，兵之首也。将者不可以不仁，不仁则军不克，军不克则军无功。故仁者，兵之腹也。将者不可以无德，无德则无力，无力则三军之利不得。故德者，兵之手也。将者不可以不信，不信则令不行，令不行则军不槫②，军不槫则无名。故信者，兵之足也。将者不可以不智胜，不智胜则军无□（缺）③。故决者④，兵之尾也。——

《孙膑兵法·将义》

【注释】

①卒弗死：士卒不肯效死。

②榑：集聚。

③不智胜：一说当读为"不知胜"，不知胜即不智。

④决：果断。

【翻译】

将领治军不能不公正，如果不公正就不可能严格治军，治军不严就没有威信，没有威信，那么士兵就不会拼死效命。所以说，公正是统兵的首要条件，就像人必须有头一样。将领不能不仁爱，不仁爱军队就不能打胜仗，不能打胜仗军队就没有功劳。所以说，仁爱是统兵的中心事项，就像人必须有肚腹一样。将领不可以没有德行，没有德行就没有威力，没有威力就无法发挥全军的战斗力。所以说，德行是统兵的手段，就像人必须有手一样。将领不能不讲信用，不讲信用，那么他的命令就无法贯彻执行，军令不能贯彻执行，军队就不能集中统一，军队不集中统一就没有声名。所以说，信用是统兵的支点，就像人必须有脚一样。军队的将领不能没有智慧，没有智慧那么军队就没有□（缺）。所以治理好军队，果断就是最后一项要求。

【解读】

儒家把"仁、义、礼、智、信"这"五常"作为修身的根本，相对于修身的"五常"，治理军队则应当具备"义、仁、德、信、智"这五个要素，孙膑在这篇文章中以生动形象的比喻，把"义"

比作"首",把"仁"比作"腹",把"德"比作"手",把"信"比作"足"("智"一项残缺,不知道比作什么),深刻地论述了"义、仁、德、信、智"这五个要素在治理军队中所发挥的重要作用。首、腹、手、足,缺一不可,"义、仁、德、信、智"也缺一不可,通过比喻,言简意赅,非常形象。作者又指出不义、不仁、无德、不信、不智对治军产生的不良后果,从而反证"义、仁、德、信、智"在治军中的重要作用。

十二、《商君书》

《商君书》也称《商子》,现存24篇,是战国时期法家学派的代表作之一。该书解决了当时条件下实行变法的理论问题,提出了变法的几大原则,既有宏观理论阐述,也有具体的法令军规,至今仍有借鉴意义。

【作者简介】

关于《商君书》的作者,学术界颇有争论。第一种意见认为《商君书》基本是伪书;第二种意见肯定《商君书》的作者是商鞅;第三种意见认为《商君书》是商鞅遗著与其他法家著作的合编,既非作于一人,也非写于一时。

商鞅(约前390—前338),战国时期政治家、改革家、思想家,法家代表人物,卫国人,原姓公孙,名鞅,亦称卫鞅,因功受封商（今陕西商县东南）十五邑，故称商君或商鞅。商鞅通过变法使秦国成为富裕强大的国家，史称"商鞅变法"。政治上，商鞅改革了秦国户籍、军功爵位、土地制度、行政区划、税收、度量衡以及民风民俗，并制定了严酷的法律；经济上，商鞅主张重农抑商、奖励耕织；军事上，商鞅作为统帅率领秦军收复了河西。

【选文】

国之所以治者三^①：一曰法，二曰信，三曰权。法者，君臣之所共操也^②；信者，君臣之所共立也；权者，君之所独制也，人主失守则危。……民信其赏，则事功成，信其刑，则奸无端^③。惟明主爱权重信，而不以私害法。——《商君书·修权》

【注释】

①治：社会安定，太平，与"乱"相对。

②操：掌握。

③无端：谓无根由产生，没有办法产生。

【翻译】

国家安定有三个因素：一是法度，二是信用，三是权力。法度是君臣共同执掌的；信用是君臣共同树立的；权力是君主独自控制的，君主失去权力国家就会陷入危机。……人民相信君主的赏赐，事业就会办成，相信君主的惩罚，犯罪就不会发生。只有贤明的君主才珍惜权力看重信用，不会因为私利而损害法度。

【解读】

商鞅认为治理好国家的三个因素是法度、信用、权力。权力由君主独掌，法度、信用由君臣共同建立并遵守，这三者缺一不可，而信用更是连接君和民的桥梁，君臣树立了诚信，事毕功成、奸邪不生。贤明的君主更看重信用，赏罚立竿见影，说到做到，则天下治理有序，太平无事。

十三、《韩非子》

《韩非子》原名《韩子》，是战国末期法家集大成者韩非的著作。至宋，因尊唐代韩愈为韩子，所以改称书名为《韩非子》。《韩非子》大概是汉代刘向整理内府图书时编集而成的，这部书现存55篇，大部分为韩非自己的作品，如《孤愤》《说难》《内外储说》《说林》《五蠹》。重点宣扬了韩非"法""术""势"相结合的法治理念。《说林》中"说"是一种文体形式，由民间传说和历史故事组成，"林"指众多。"说林"即众多以"说"这种形式出现的文章。

【作者简介】

韩非（约前280—前233），是韩国的宗族公子，"为人口吃，不能道说而善著书"，曾与李斯一同问学于荀子。后在秦国受李斯、姚贾的陷害，服毒自杀。

【选文】

巧诈不如拙诚①。——《韩非子·说林上》

【注释】

①巧：巧妙的。拙：朴拙的。

【翻译】

巧谋诡诈不如朴拙真诚。

【解读】

与巧舌如簧相比，一颗淳朴真诚的心灵更为难能可贵，纵使他的语言不如前者那般中听，但即使最精妙的欺诈也终究会有被识破的一天。相反，诚信却不同，它只会越发显得珍贵。为人处世，难得拥有朴质的心灵和真诚的言行，面对复杂的社会环境，我们不能随波逐流，要深知"诚信"的可贵，做一个敢于坚持自己操守的正直之人，诚实之士。

【选文】

小信成则大信立，故明主积于信①。赏罚不信②，则禁令不行，说在文公之攻原与箕郑救饿也③。是以吴起须故人而食④，文侯会虞人而猎⑤。故明主表信，如曾子杀彘也⑥。患在厉王击警鼓与李悝谩两和也⑦。——《韩非子·外储说左上·经六》

【注释】

①积：积攒。信：信用。

②信：讲求信用。

③原：春秋时诸侯国名。箕郑：人名，晋国大夫。

④须：必须，务必。

⑤文侯：魏文侯。会：期会，相约。虞人：主管山泽的官员。

⑥彘（zhì）：猪。

⑦厉王：楚厉王。谩（mán）：蒙骗。

【翻译】

小事上能讲求诚信，大事上就能够建立起信用，所以明智的君主要在遵守信约方面逐步积累声望。赏罚不讲信用，禁令就无法推行，这种观点的解说体现在晋文公攻打原国和箕郑回答晋文公如何救济饥荒两则故事中。这就是吴起必须要等到老朋友来才吃饭，魏文侯相约掌管山泽的官员一起打猎的原因。贤明的君主表明诚信，就像曾子杀猪一样（说到做到，不哄骗小孩）。而不守信用的祸患体现在楚厉王击打报警的鼓器、李悝戏耍左右两军这两件事中。

【解读】

本段选自《韩非子·外储说左上·经六》篇，"外"指"君之外谋"，即君主对待臣下实行赏罚的谋略，它针对的是朝堂外部，所以称"外谋"。以晋文公攻打原国以及和箕郑商讨如何救济饥荒这两件事情，来强调"诚信"也需要积少成多。只有从小事做起，积水成渊，才能在大事方面建立起信用。通过吴起、魏文侯、曾子因遵守诚信而获得福分，而楚厉王、李悝因不诚信而招致的祸患两方面，表明"诚信"的重要性。"诚信"蕴含于日常生活中的方方面面，事无巨细，都需要遵守"诚信"的规则。一个被人称赞的君子，一个品格高尚的人，他的品行不是与生俱来的，而是他能从细微处做起，能从日常生活中的小事入手，一件一件地践行"诚信"。在一点一滴中建立自己的伟岸形象，增强自己的人格魅力。治国以及国与国交往也是如此，不守信用，祸患无穷。

【选文】

文公问箕郑曰^①："救饿奈何？"对曰："信^②。"公曰："安信？"曰："信名，信事，信义。信名，则群臣守职，善恶不逾^③，百事不怠；信事，则不失天时，百姓不逾；信义，则近亲劝勉而远者归之矣。"——《韩非子·外储说左上·说六》

【注释】

①文公：即晋文公。

②信：守信用。

③善恶：指政绩方面的好坏。逾：超越尺度。

【翻译】

晋文公问箕郑说："如何救济饥荒？"箕郑说："守信用。"晋文公说："如何守信用？"箕郑说："在名位、政事、道义上都要守信用；在名位上守信用，群臣就会尽职尽责，在政绩方面，无论好坏都不会逾越界线，各种事情都不懈怠；在政事上守信用，就不会违背自然规律，百姓不会僭越礼法；在道义上守信用，亲近的人就会努力工作，远方的人就会前来归顺。"

【解读】

"诚信"在中国古代治国理政中具有重要地位，具体表现在名位、政事、道义等方面。只有这样，群臣尽职，努力工作，百姓懂法守礼，从而远方之人归顺，达到天下大治。"诚信"已成为一种高尚的品行和崇高的道德准则。

十四、《礼记》

今本《礼记》指《小戴礼记》,《十三经》之一,共49篇,秦汉以前礼仪著作的辑录,是研究中国古代社会情况、典章制度和儒家思想的重要著作。

【作者简介】

戴圣(生卒年不详),字次君,梁郡(今河南商丘)人,曾任九江太守,与叔父戴德一起学礼于后苍,汉宣帝时为博士。

【选文】

丧三日而殡,凡附于身者①,必诚必信,勿之有悔焉耳矣。三月而葬,凡附于棺者②,必诚必信,勿之有悔焉耳矣。——《礼记·檀弓上》

【注释】

①附于身者:指衣衾等物。

②附于棺者:指明器等物。

【翻译】

人死了三天之后要入殡,这时,凡是随遗体入殓的物品,一定要诚信,不妄自增减,一丝不苟地周密考虑,以免日后有所遗憾。三个月以后下葬,这时,凡是随棺入墓穴的明器等,一定要诚信,考虑周密,合乎礼制,不妄自增减,以免日后有所遗憾。

【解读】

诚信不仅仅是为人处世的一种态度，更是一种人性的标尺，它的出发点并不是让别人感受到你的真诚态度而对你进行褒扬。它不局限在生者之间的日常交往，也体现在对逝者的祭奠过程。诚信就是自己修身处世的一种隐形标尺，一位道德高尚的君子无论对生者还是对死者，对人对己，都会竭尽诚信。即使面对进行殡葬之礼的逝者，即使对方无法感知，也一定要做到诚信，不使自己有所悔恨。

【选文】

诚者，天之道也；诚之者①，人之道也。诚者，不勉而中，不思而得，从容中道②，圣人也。诚之者，择善而固执之者也③。——《礼记·中庸》第二十章

【注释】

①诚之：使之诚。

②从容：举止行动，又一说为舒缓不迫。中道：中庸之道。

③固执：坚持。

【翻译】

诚信是天道的法则。追求诚信，是做人的根本原则。天生真诚的人，不用尽力（自己的行为）也会恰当，不用思考（自己的言行）也会得当，（他的）言行举止符合中庸之道，这样的人是圣人。追求诚信的人，是既能选择正确的方向又能坚持下去的人。

【解读】

"诚者"是"天之道"，是自然的本质属性，如天体的运

行，四时的更替，都表现出一种至诚的状态；而"诚之者"是"人之道"，是人模仿、学习自然之道的结果。"诚者"是圣人之"诚"，"诚之者"是普通人之"诚"，是人经过后天学习而形成的品质。"诚者"是圣人天生自然的品格，其得之于天。而一般人由于私欲所碍，其行为有时候诚，有时候不诚，因而必须"择善而固执之"，不断地加强学习与修养，才能达到"诚"的境界。

【选文】

唯天下至诚，为能尽其性，能尽其性，则能尽人之性；能尽人之性，则能尽物之性；能尽物之性，则可以赞天地之化育①；可以赞天地之化育，则可以与天地参矣②。——《礼记·中庸》第二十二章

【注释】

①赞：助。化育：天地生成万物。

②参：古同"叁"。

【翻译】

只有天下最真诚的人，才能充分发挥自己的本性；能够充分发挥自己的本性，就能使他人充分发挥天性；能帮助别人充分发挥天性，就能使万物充分发挥自然本性；能让万物充分发挥自然本性，就可以帮助天地生成万物；可以帮助天地生成万物，就可以和天地并列在一起了。

【解读】

由至诚到尽己之性，到尽人之性，到尽物之性，再到赞天地之化育。牟钟鉴先生说："这是一个由近及远，由内而外的开展过

程，也是由人道复归天道的过程，尽己之性是儒家的修身理想，尽人之性是儒家的社会理性，尽物之性是儒家的宇宙理想。赞天地化育是一个伟大的口号，表现了儒家关心大自然，协调大自然与人的关系的博大胸怀，已经超出了社会道德，具有生态道德的普遍性品格。"人和物之性均包含天理，唯至诚之人，才能发挥人和物的本性，使各得其所。

【选文】

王天下有三重焉①，其寡过矣乎。上焉者虽善无征②，无征不信，不信民弗从；下焉者虽善不尊③，不尊不信，不信民弗从。——《礼记·中庸》第二十九章

【注释】

①王天下：统治天下。王，这里用作动词，称王。三重：三个重点，即仪礼、制度、考文。

②上焉者：指在上位的人，即君主。征：即"证"，验证。

③下焉者：指在下位的人，即臣下。

【翻译】

君王统治天下要做好三件重大的事情（议定礼仪，制定法度，规范文字），做好了就没有什么大的过失了。在上位的人，品德虽好但如果没有被证实的行为，就不能使人信服，不能使人信服，百姓就不会听从。在下位的人，品德虽好，但如果不尊重君主，也不能使人信服，不能使人信服，老百姓就不会听从。

【解读】

统治者想称王天下，首先要议定礼仪、制定法度、规范文字，做到了过失就少了。这三件事情的实施最终还是要落实到民众的身上，如果不能取信于民，这三件事就没有意义。所以统治者不仅要有好的德行修养，也要有行为实践的验证，要取信于民，使民众信服、拥护，这样才能够做到真正的“寡过”。

【选文】

言必先信，行必中正。——《礼记·儒行》

【翻译】

讲话一定要以诚信为先，行为一定要不偏不倚。

【解读】

《儒行》通过孔子和鲁哀公的对话，从各个方面描述了一个真正的儒者形象，对言和行的要求就是：言要诚信，行要端正。

【选文】

所谓诚其意者，毋自欺也。如恶恶臭①，如好好色②，此之谓自谦③。——《礼记·大学》

【注释】

①恶恶臭：第一个“恶”读wù，第二个读è。

②好好色：第一个“好”读hào，第二个读hǎo。

③自谦：自足，心安理得。谦（qiè），通“慊”，满足，心安理得。

【翻译】

（我们）所说的意念真诚，就是不要自己欺骗自己。如同厌恶难闻的气味，如同喜爱美丽的容颜。这样才能说自己意念诚实，心安理得。

【解读】

自己五官所感（恶臭、好色），与心性辨识（厌恶、喜好）相同，表里一致。意念真诚，厌恶就是厌恶，喜欢就是喜欢，这里的"诚"，针对的是自身感受，指的是对自己内心、自己喜好的了解。面对外界事物时，能够做到不掩饰内心的真实感受，不自欺欺人。王阳明用这句话表示"知行合一"。

十五、《春秋繁露》

《春秋繁露》今本17卷，82篇，是西汉中期儒家代表人物董仲舒的主要著作，是研究封建社会儒家正统思想形成和发展问题的必备史料。董仲舒推崇"公羊"学，发挥"春秋大一统"之旨，阐述了以阴阳五行、黄老之学为骨架，以"天人感应"为核心的哲学-神学理论，宣扬"性三品"的人性论、"王道之三纲可求于天"的伦理思想及赤黑白三统循环的历史观，为汉代中央集权的封建统治制度奠定了理论基础。

【作者简介】

董仲舒（前179—前104），西汉广川郡（今河北景县）人，思想家、政治家、唯心主义哲学家和今文经学大师。曾大力提倡并身体力行仁、义、礼、智、信等公德，其主张"罢黜百家，独尊儒术"被汉武帝采纳，确立儒学为正统思想，影响长达两千多年。

【选文】

是故地明其理为万物母；臣明其职为一国宰①。母不可以不信，宰不可以不忠。母不信则草木伤其根；宰不忠则奸臣危其君。根伤则亡其枝叶，君危则亡其国。故为地者务暴其形②；为臣者务著其情③。——《春秋繁露·天地之行》

【注释】

①宰：辅佐国君统治国家的官员，即国君的助手。

②务：必须，一定。暴：显示，暴露。

③著：表现，显露。

【翻译】

因此大地因明析自己存在的道理而成为万物之母，臣子明白自己的职务而成为国家的官员。万物之母（大地）不可以不诚信，官员不可以不忠诚。万物之母不诚信，草木的根就要受到伤害，官员（宰相）不忠诚，奸佞之人就要危害国君。根受伤害了枝叶就会死亡，国君受到危害国家就会灭亡。因此作为大地，一定要显露自己的形体，作为臣子，一定要表现自己的真情。

【解读】

在董仲舒的理论体系中，天道之中天地相对，天上地下，天尊地卑，地则应该服从于天；天为主，地为辅，地的一切行为围绕天而展开，天通过地来实现自己的价值。在人事理论中，君臣相对，君尊臣卑，臣则应该服从于君，服务于君；君为主，臣为辅，臣的一切行为围绕君而展开，君通过臣来治理天下。地是万物之母，土地诚信，万物生长，否则草木根伤而亡，说明大臣忠于国君，就不会有奸诈之人伤害国君，天下太平，大臣的忠诚对于国泰民安至关重要。

十六、《傅子》

《傅子》现存有24篇，为魏晋之际哲学家傅玄所著，原书散佚，今本为后世辑本。全书主要以儒家思想为主，亦间或夹杂道家思想。

【作者简介】

傅玄（217—278），字休奕，北地郡泥阳县（今陕西铜川耀州区东南）人，西晋时期文学家、思想家。历任御史中丞、司隶校尉。

【选文】

盖天地著信①，而四时不忒②；日月著信，而昏明有常；王者体信③，而万国以安；诸侯秉信④，而境内以和；君子履信⑤，而厥身以立⑥。古之圣君贤佐，将化世美俗，去信须臾⑦，而能安上治民者，未之有也。——《傅子·义信》

【注释】

①著：明。

②悖：乱。

③体：施行。

④秉：执。

⑤履：实行。

⑥厥：其，他的。

⑦须臾：表示一段很短的时间，片刻之间。

【翻译】

天地守信，四季就有序轮回；日月守信，白天和黑夜就正常运转；君主施行诚信，国与国之间就会安定；诸侯信守诚信，国内就会和平；君子履行诚信，他就会被任用。古代圣明的君主和贤明的辅臣，用诚信来教化世风，使风俗淳良，即便有一点点背弃诚信，也不可能安定国家治理百姓，（因为）这是从没有过的事。

【解读】

天地、日月守信，所以四季、昼夜有序，万物得以生长；君、臣守信，所以国定邦安，万民得以繁衍；君子守信，所以立身于世。所以，诚信是宇宙间万事万物得以正常运行的基本规则，也是人类社会得以安定的基本规则。即使古代的明君贤臣也要坚守诚信，不能有片刻的疏忽，否则就不能治理好国家。对于个人而言，更要时时刻刻谨守诚信，只有这样才能安身立命，为社会做贡献。

【选文】

夫象天则地^①，履信思顺^②，以壹天下，此王者之信也。据法持正，行以不贰，此诸侯之信也。言出乎口，结乎心，守以不移，以立其身，此君子之信也。讲信修义，而人道定矣。若君不信以御臣^③，臣不信以奉君，父不信以教子，子不信以事父，夫不信以遇妇^④，妇不信以承夫，则君臣相疑于朝，父子相疑于家，夫妇相疑于室矣。小大混然而怀奸心^⑤，上下纷然而竞相欺，人伦于是亡矣。——《傅子·义信》

【注释】

①象、则：效法。

②顺：和顺，《独断》："慈仁和民曰顺。"

③御：使。

④遇：相处与对待。

⑤小大：指人的尊卑。奸心：不诚之心。

【翻译】

效法天地，守诚信，思和顺，来统一天下，这是作为国君的诚信。根据法则持守公正，执行法令没有差异，这是诸侯的诚信。从嘴里说出的话，牢记于心，遵守它而不改变，以此来立身处世，这是君子的诚信。讲究诚信遵循礼义，人世间就安定了。如果君主任用臣子不诚信，臣子侍奉君主不诚信，父亲教育儿子不诚信，儿子侍奉父亲不诚信，丈夫对待妻子不诚信，妻子侍奉丈夫不诚信，那么，君主和臣子在庙堂就会互相猜疑，父亲和儿子在家里就互相猜疑，丈夫和妻子在屋里就互相猜疑。君臣、父子、夫妻等尊卑关系混乱，人人各怀不诚之心，相互欺骗，人的尊卑长幼关系就不复存在了。

【解读】

对于诚信，应与天地维持四季轮回一样，不可动摇。对于不同的社会角色，其诚信又有所不同，有"王者之信""诸侯之信"和"君子之信"，这里的诚信已经不仅仅是针对践行诺言而言了，它包含更广的内容。本段以人伦为出发点，认为诚信能够维系上与下的尊卑关系，如若不诚信，就会互相猜疑，人伦不复存在。虽然现在讲究人人平等，但诚信仍然是维系人和人和睦相处的纽带，上下级之间不诚信，工作效率就会低下；亲人之间、夫妻之间不诚信，家庭就不会和睦；朋友之间不诚信，关系就会有裂痕，不诚信会引发相互猜疑。可见，诚信对于人和人之间的关系具有十分重要的维系作用。

十七、《物理论》

《物理论》，魏晋时期著名道家学者杨泉所著，它继承先秦两汉道家扬雄、王充、张衡的唯物主义传统，讲宇宙发生论。《物理论》所反映出来的思想和玄学是相对立的。

【作者简介】

杨泉（生卒年不详），字德渊，别名杨子，梁国（今河南商丘）人，魏晋之际哲学家，道家崇有派代表人物。曾仿扬雄著《太玄经》14卷，又著《物理论》16卷。

【选文】

以信接人，天下信之；不以信接人，妻子疑之。——《物理论》

【翻译】

以诚信的态度待人，天下人都会信任他；相反，如果不以诚信的态度待人，连他的妻子和孩子都会怀疑他。

【解读】

诚信为立身之本，要想取信于天下人，就必须以诚待人。诚信是一个人的生存资本，如果一个人说出的话，连他的妻儿听了都不相信，那他基本就没有诚信可言，这样的人，当然就无法立足于社会。所以，做人还是要踏踏实实，真诚待人。

十八、《刘子新论》

《刘子新论》也称《刘子》，共55篇，北齐时期刘昼所写的一部杂家著作，作者在政治上主张儒法兼收并蓄，以达到治国安邦的效果；道德修养讲求诚信、忠贞，宣扬清心寡欲、戒骄戒躁，主张惜时治学，韬光养晦。

【作者简介】

刘昼（514—565），字孔昭，北齐文学家，渤海阜城（今河北阜城）人，作有《六和赋》《高才不遇传》等，有《刘子新论》10卷。

【选文】

信者，行之基；行者，人之本。人非行无以成，行非信无以立，故信之行于人，譬济之须舟也①，信之于行，犹舟之待楫也②。将涉大川，非舟何以济之？欲泛方舟，非楫何以行之？……君子知诚信之为贵，必忱信而行③，指麾动静④，不失其符。以施教则立，以莅事则正，以怀远则附，以赏罚则明。由此而言，信之为行，其德大矣。——《刘子新论·履信》

【注释】

①济：渡河。

②楫：船桨。

③忱信：诚信。忱，诚。

④指麾：发号施令。动静：指起居作息。

【翻译】

诚信是人们行事的基础，行事是人存立的根本。人不行事就不会有成就，人若不诚信在社会上就无法立身，所以诚信对于人来说，就好像过河需要船一样，诚信对于人的行事来说，就好像划船需要桨一样。要横渡一条大河，没有船怎么能过得去呢？想要划船，没有桨怎么划得动船呢？……君子知道诚信的珍贵，必定真心实意地践行它，无论是官方差遣调动，还是个人的衣食起居，都严格执行不差毫分。以诚信实施教化就一定取得成效，以诚信处理公务就一定公正合理，以诚信安抚边远的人就一定会使他们归附，以诚信进行赏罚就一定分毫不差。由此言之，诚信对人的影响真是太大了。

【解读】

诚信不仅要求人们说话切忌讲大话、空话、假话，而且要求行事诚实可靠，诚信既指言语上诚信，也指行事上诚信。这里用了两个比喻，诚信对个人修身处世而言，像渡河需要船、划船需要桨一样，没有它们就渡不了河，划不了船。同样，没有诚信，人就无法行事，无法立身于世。诚信对治国而言更是重要，因为它能教化百姓，赏罚分明，取信于民。无论对于修身处世还是治理国家，诚信都是不可或缺的。

十九、《贞观政要》

《贞观政要》是一部政论性史书，全书10卷40篇。这部书以记言为主，分六个方面记述，所记基本上是贞观年间唐太宗李世民与臣下魏徵、王珪、房玄龄、杜如晦等人关于施政问题的对话以及一些大臣的谏议奏疏等，用以规范君臣思想道德和治理军政思想。此外也记载了一些政治、经济上的重大措施。编者吴兢在书中没有进行空洞的政治说教，而是把自己的观点与历史叙述结合起来，集中论述唐太宗时期君臣关于治国安邦的讨论与决策。

【作者简介】

吴兢（669—749），唐代史学家，汴州浚仪（今河南开封）人。武周时，入史馆，编修国史；中宗时，担任过右补阙、起居郎、水部郎中等官职；玄宗时，任谏议大夫等职，继续参与国史的修撰。他编撰史书，主张叙事简要，如实记述，曾与当时著名的史学家刘知几等一同修撰《武后实录》。

【选文】

太宗谓封德彝曰："流水清浊，在其源也。君者政源①，人庶犹水②，君自为诈，欲臣下行直，是犹源浊而望水清，理不可得。朕常以魏武帝多诡诈③，深鄙其为人④，如此，岂可堪为教令⑤？"谓上书人曰："朕欲使大信行于天下，不欲以诈道训俗，卿言虽善，朕所不取也。"——《贞观政要·诚信》

【注释】

①政源：统治者的根本。

②人庶：指老百姓。

③魏武帝：指曹操。

④鄙：贬低，瞧不起。

⑤教令：教化、律令。

【翻译】

唐太宗对封德彝说："流水或清或浊，关键在于源头。君主是施政的源头，臣民就好比流水，君主自行欺诈妄为，却要求臣子行为正直，那就好比水源浑浊而希望流水清澈，这是根本办不到的。我常常认为魏武帝（曹操）言行诡诈，所以很看不起他，他这么做，怎么能够实行政治教化呢？"于是，唐太宗对上书的人（前文中有"上书请去佞臣者"）说："我要使诚信行于天下，不想用欺诈的方式损坏社会风气，你的计策虽好，但我不能采纳。"

【解读】

一位大臣给唐太宗上书请求皇帝铲除奸臣，当皇帝问及奸臣指谁时，大臣请求皇帝假装发怒，来试探身边的大臣是否能在震怒下，依旧直言进谏，能者就是忠臣，不能者就是佞臣。唐太宗用其精妙的说解，描述了这种含有欺诈性质的行为所存在的不合理性，表明了对"诚信"的遵奉，以此来说明"诚信"对于治国理政的重要性。虽然略施小计能达到某些目的，但如果计划的实行违背了"诚信"这一基本原则，那大可不必去实践。用一个谎言去验证谎言，得到的只能是谎言。倒不如坦坦荡荡，用真诚的言行去沟通，用真挚的行动去验证。只有建立在"诚信"这一基础上的事情，才经受得住考验。唐太宗以河水源与流、清与浊的关系比喻君主治国理政，说明自身一言一行讲求诚信、正直的重要性。

【选文】

臣闻为国之基，必资于德礼^①，君之所保，惟在于诚信。诚信立则下无二心，德礼形则远人斯格^②。然则德礼、诚信，国之大纲，在于父子君臣，不可斯须而废也^③。故孔子曰："君使臣以礼^④，臣事君以忠。"又曰："自古皆有死，民无信不立。"文子曰："同言而信，信在言前；同令而行，诚在令外。"然则言而不行，言不信也；令而不从，令无诚也。不信之言，无诚之令，为上则败

德，为下则危身，虽在颠沛之中⑤，君子所不为也。——《贞观政要·诚信》

【注释】

①资：依靠。

②远人斯格：使远方的人民来归顺。格，来、至，指信服、归顺。

③斯须：须臾，一会儿。

④使：对待。

⑤颠沛：指危难之际。

【翻译】

臣听说治理国家的基础，在于依靠道德和礼教；国君地位的保障，在于诚实信用。有了诚信，臣民就不会产生二心；形成了德政、礼教的局面，边远地区的人民就会归顺。由此可见，德礼诚信是国家的纲领，贯穿在父子、君臣关系中，一刻也不能偏废。所以孔子说："君王以礼对待人臣，臣子用忠心来侍奉君王。"又说："人终有一死，没有诚信就无法立身。"文子说："说出话来就能够使人相信，是因为说话之前已经取信于人；发出命令就能够得到执行，是因为命令之外已有信用。"如果话已经说过了却不行动，那言语就显得不诚信了，接受了命令却不执行，那命令就显得没有了诚意。不讲诚信的言语，没有信用的法令，如果是君王，就会败坏国纲，如果是臣下，就会危及自身。因此，即使身处艰难险境，德行高尚的君子也不会做有失诚信的事。

【解读】

魏徵通过上疏唐太宗，告诫皇帝道德和礼教对治国安邦的基础性作用，强调德政与诚信对国君的重要意义，以及对国家纲领和伦理道德的约束性作用。他引用孔子"君使臣以礼，臣事君以忠""自古皆有死，民无信不立"来强调"诚信"在君臣、百姓中所具有的重要性。诚信不仅仅局限于个人德行范畴，更从属于政治道德范畴。从魏徵的言论中我们可以得知：在古代封建社会，"诚信"是国家为政的根本，是皇权得以巩固的凭借，是国家律法、政策条令发挥作用的保障。政府的诚信行为在社会诚信体系中居于核心地位，对于治国安邦、安抚民心有着关键作用。在当今社会，"诚信"的作用并不因社会的前进而被弱化。新的时代，依然需要诚信，要更加重视"诚信"，只有这样，才能建设一个互相信任、安定和谐的社会。

【选文】

自王道休明①，十有余载，威加海外②，万国来庭，仓廪日积③，土地日广，然而道德未益厚，仁义未益博者，何哉？由乎待下之情未尽于诚信④，虽有善始之勤，未睹克终之美故也⑤。——《贞观政要·诚信》

【注释】

①休明：太平盛世。

②威加：施加威严。加，施以某种动作。

③仓廪：贮存粮食的仓库。

④待下之情：朝廷对待臣子的态度。

⑤克终：善终。

【翻译】

自从陛下登基实行王道以来，国家繁荣昌盛，已经有十多年了。国家的神威遍及四方，各国派使者前来朝拜，国家粮仓日益充盈，国土日益宽广。然而道德仍未笃厚，仁义仍未广博，这是为什么呢？因为朝廷对待臣子的态度还不够诚信，虽然陛下在贞观初期勤于政务，有一个好的开始，却没能发现陛下做到善终。

【解读】

诚信是人与人之间交往的基础，只有以"诚信"为前提，双方才能敞开心扉，不留私心，建立友好互信的关系。就治国而言，在上者对于臣子，应该以诚相待，这样臣下才会忠于国家，为国献身。

【选文】

且君子小人，貌同心异。君子掩人之恶①，扬人之善，临难无苟免②，杀身以成仁。小人不耻不仁，不畏不义③，惟利之所在，危人自安④。——《贞观政要·诚信》

【注释】

①掩：遮盖，容忍。

②苟免：苟且免于损害。

③不畏不义：不知敬畏，不遵循道义。

④危人：使别人陷入危险。

【翻译】

君子与小人，从外表看起来相似，但内心却有根本性的不同。君子宽容别人的缺点，表扬别人的优点，危难之时绝不苟且偷生，即使牺牲性命也要成就仁义的美德。小人不以不讲仁德为耻辱，不畏惧做不道义的事，只知道金钱利益，陷别人于危险境地而自保，苟且偷生。

【解读】

作为核心价值，"诚信"是评判一个人德行高下的重要标准，由此也就成为君子所具备的关键品格。君子是儒家的理想人格，具有多种高尚品质，诚信就是其中重要的一项。小人则唯利是图，为追逐名利，违背基本的仁义道德，损人利己，有的甚至陷别人于不义乃至危险的境地。古今一理，因此，就更需要君子人格的教化和引导作用，为经济社会发展提供价值指向和道德保障。

【选义】

夫君能尽礼，臣得竭忠，必在于内外无私，上下相信①。上不信则无以使下②，下不信则无以事上，信之为道大矣。昔齐桓公问于管仲曰："吾欲使酒腐于爵③，肉腐于俎④，得无害于霸业乎？"管仲曰："此极非其善者，然亦无害于霸也。"桓公曰："如何而害霸乎？"管仲曰："不能知人，害霸也；知而不能任，害霸也；任而不能信，害霸也；既信而又使小人参之⑤，害霸也。"——《贞观政要·诚信》

【注释】

①相信：相互信任。

②使：指挥，命令。

③腐：腐烂。

④俎：古代切肉用的砧板。

⑤参：通"掺"，掺和。

【翻译】

如要君主能对臣子完全尽到礼仪，臣下能够完全尽忠职守，就必须使朝堂内外没有私心，君臣之间相互信任。君主不诚信，那么就无法指挥臣子，臣子不诚信，那么就无法侍奉君主，信任对于治理国家至关重要。古时齐桓公问管仲："我想使酒在酒器中变酸，使肉在砧板上腐烂，这样做对霸业没有害处吧？"管仲说："虽然这样做不好，但对霸业没有害处。"齐桓公问："那做什么事会危害霸业？"管仲说："不能识别人才会危害霸业，识人却不能任用会危害霸业，任用了人臣又不肯信任会危害霸业，选择信任而又让小人从中掺和会危害霸业。"

【解读】

君臣互信，这是古人总结的处理上下关系的重要法宝，只有这样，国君才能安心治国，臣子才能尽忠职守。因为，国君信任臣下，知人善任，放手让大臣做事，才能有所作为，如果受小人搅和，相互猜忌怀疑，就会失去人心，必将一事无成。这给我们今日处理上下级关系、识才用人提供了有益的借鉴。

【选文】

贞观十七年，太宗谓侍臣曰："《传》称'去食存信'①，孔子曰：'民无信不立。'昔项羽既入咸阳，已制天下，向能力行仁信②，谁夺耶？"房玄龄对曰："仁、义、礼、智、信，谓之五常，废一

不可。能勤行之，甚有裨益③。殷纣狎侮五常④，武王夺之；项氏以无仁信为汉高祖所夺，诚如圣旨。"——《贞观政要·诚信》

【注释】

①《传》：此处指《论语》，引文出自《论语·颜渊》篇。

②向：连词，表假设。

③裨益：增添好处。裨，增添，补助。

④狎侮：轻慢戏弄。常用以形容人物的言行举止。

【翻译】

贞观十七年，唐太宗对侍从的大臣们说："经传（此指《论语》）上说：'宁可不要粮食也要确保百姓对国家的信任'，孔子说：'百姓不信任国家，国家便不能存在。'从前，楚霸王项羽攻入咸阳，已经控制了天下，如果他能够努力推行仁政得到百姓信任，那么谁能和他争夺天下呢？"房玄龄回答说："'仁、义、礼、智、信'，合称为'五常'，废弃其中任何一个都不行，如果能够认真推行努力实践，对国家将大有益处。殷纣王轻视'五常'，被周武王夺去了天下；项羽因为没有仁德、不讲信用，被汉高祖夺了天下。陛下之言极是。"

【解读】

"诚信"是传统文化中的核心价值观，唐太宗引用项羽失败的例子，说明诚信在治国理政中的重要性。大臣房玄龄进而申说"仁、义、礼、智、信"五者缺一不可，这是被历史证明了的。"诚信"是值得我们今日认真思考并坚决践行的传统文化核心价值观，是我们中华民族先哲留下的重要思想瑰宝。

二十、《臣轨》

《臣轨》共2卷10篇，顾名思义，这是一本专供臣下借鉴的书，唐高宗武皇后负责编纂。原书久佚，今本为后世辑本。该书以儒家道德观念为基础，论述为臣者正心、诚意、爱国、忠君之道，是为臣者的座右铭和士人贡举习业的读本。

【作者简介】

武则天（624—705），本名珝，后改名曌，并州文水（今山西文水东）人。中国历史上唯一的女皇帝，也是即位年龄最大（67岁即位）、寿命最长的皇帝之一（终年82岁）。武则天多谋略，兼涉文史，颇有诗才，有《垂拱集》《金轮集》，今已佚，《全唐诗》存其诗。

【选文】

凡人之情，莫不爱于诚信。诚信者，即其心易知。故孔子曰："为上易事，为下易知。"非诚信无以取爱于其君，非诚信无以取亲于百姓。故上下通诚者，则暗相信而不疑①。其诚不通者，则近怀疑而不信。——《臣轨·诚信章》

【注释】

①暗：蒙蔽，遮盖。

【翻译】

但凡人的本性，没有不喜爱诚信的。如果一个人诚实守信，那么他的心思就容易被人理解。所以孔子说："在上位的人（指君主）若诚信容易被侍奉，在下位的人（指臣民）若诚实易被了解。"臣子若不诚信，就不能得到君主的喜爱；若不诚信，就不能得到百姓的亲近。因此，如果君臣以诚相待，即使默不作声，其实互相信任而不生疑心；如果君臣不能以诚相待，即使看上去亲近和气，其实也是彼此怀疑而互不信任。

【解读】

"臣轨"就是人臣的准则，它以儒家传统的"正心、诚意、爱国、忠君"等道德伦理观念为基础，阐述臣下应遵循的道德规范和行为准则，其中一些行为准则到今天仍然适用，如诚信。当面一套背后一套，不诚信的两面人，是自古就被人唾弃的。武则天强调为臣、为政要讲诚信，而诚信的大臣，君主喜欢，百姓亲近，君臣应上下通诚，以诚相待，反之则会互相猜忌，误国误己。

【选文】

为臣不信不足以奉君；为子不信不足以事父，故臣以信忠其君，则君臣之道逾睦①；子以信孝其父，则父子之情益隆。夫仁者不妄为，知者不妄动。择是而为之，计义而行之。故事立而功足恃也，身没而名足称也。虽有仁智，必以诚信为本。故以诚信为本者，谓之君子；以诈伪为本者，谓之小人。君子虽殒，善名不减；小人虽贵，恶名不除。——《臣轨·诚信章》

【注释】

①逾睦：更加和睦。

【翻译】

作为臣子不讲诚信，就不能够侍奉君主；作为儿子不讲诚信，就不能够侍奉父亲。所以臣子以诚信忠于他的君主，那么君臣之道就会更加和睦；儿子以诚信孝敬他的父亲，那么父子之情就会更加亲密。有仁义的人不会妄为，有智慧的人不会妄动，他们能择善而为，据义而行，因此能够成就事业而且建立的功绩足以依仗，死后他们的名字也会被人们所称道。一个人虽有仁德和智慧，也必须以诚实守信为本。所以只有以诚实守信为根本的人，才能被称为君子；而那些以奸诈虚伪为本的人，只能被称作小人。君子即便是死了，好的名声也不会因此减弱；小人纵使尊贵，坏的名声也不会因此消除。

【解读】

讲求诚信是中华民族的传统美德，唐朝崇尚以德治国，而诚信无疑是以德治国的重要内容，政治诚信尤被统治者重视，他们把诚信为政、诚信为官作为一种风尚加以提倡，进一步使诚信从一种道德规范上升为一种政治信仰，作为君臣共同遵循的原则。"虽有仁智，必以诚信为本"说明一个人聪明很重要，但诚信更重要，德才兼备德为先。是否诚信，是区别君子与小人的试金石。诚信的人即使去世了，他的好名声也会远播，小人即便大富大贵，他的坏名声也依旧存在。对于个人而言，好的名声很重要，所以，这篇文章能够起到很好的引导作用。

二十一、《通书》

　　《通书》由北宋周敦颐所著，共有40章，主要讲的是何谓"人极"，是作者读《易经》的心得。周敦颐是宋明理学的开山鼻祖，他出入于儒、释、道三教，在这40章里，把儒、释、道的智慧通过读书心得凝练在一起。周敦颐的著作，后人将其合编为《周子全书》，将宇宙本原道德化，并从中寻求封建伦理道德的永恒性依据。《通书》选自《周子全书》。

【作者简介】

　　周敦颐（1017—1073），字茂叔，号濂溪，道州营道楼田堡（今湖南道县）人。北宋著名哲学家，是学术界公认的理学派开山鼻祖。周敦颐自幼"信古好义，以名节砥砺"，青少年时期在桂岭读书求学，然后在桂岭循级应科举考试而直取进士。周敦颐曾在莲花峰下开设濂溪书院，世称濂溪先生，他的学说对以后理学的发展有很大的影响。周敦颐是把世界本源当作哲学问题进行系统讨论的鼻祖。他所提出的哲学范畴，如无极、太极、阴阳、五行、动静、性命、善恶等，都成为后世理学研究的课题。他生前并不为人们所推崇，学术地位也不高。人们只知道他"政事精绝"，宦业"过人"，尤有"山林之志"，胸怀洒脱，有仙风道骨。当时，南安通判程太中知道他的理学造诣很深，并将两个儿子——程颢、程颐送到他的门下，后"二程"均成为著名理学家。周敦颐与"二程"差异较大，周敦颐可称为修为精深、德行潜藏的隐士，大程明道先生可算作闲道人，小程伊川先生则俨然为学问宗师。宁宗赐周敦颐谥号为元，因此周敦颐又被称为元公，到理宗时，从祀孔子庙廷，确定了周敦颐的理学开山地位。

【选文】

圣，诚而已矣。诚，五常之本[①]，百行之原也[②]。——《通书·诚下第二》

【注释】

①五常：儒家认为的人应该具有的五种最基本的品格和德行，即仁、义、礼、智、信。

②百行：各种品行、德行，如忠、孝、悌、顺等。

【翻译】

圣人之所以为圣人，不过是讲究诚信罢了。诚信是"仁、义、礼、智、信"这五种德行的根本，是一切道德行为存在和发展的源头。

【解读】

周敦颐这里所说的"诚"和《中庸》所说的"诚者不勉而中，不思而得，从容中道，圣人也"中的"诚"有共通之处：《中庸》中的"诚"是天道，周敦颐所说的"诚"是人道，是"择善而固执之"的"诚"。诚作为"五常""百行"的根本，以及其他各种道德的基础，需要人人遵守，如果不守诚，就是一种不道德的行为。而要做到守诚，就要做到"克己复礼"，克服一切私心杂念，这样就不会做错事，邪气也不会趁机侵占我们的心灵，如果能真正做到"诚"，就可以达到圣人的境界了。

【选文】

治天下有本，身之谓也；治天下有则，家之谓也。本必端，端本，诚心而已矣；则必善，善则，和亲而已矣。家难而天下易，家亲而天下疏也。家人离，必起于妇人。故《暌》次《家人》，以"二女同居，而志不同行"也。尧所以厘降二女于妫汭①，舜可禅乎②？吾兹试矣。是治天下观于家，治家观身而已矣。身端，心诚之谓也。诚心，复其不善之动而已矣。不善之动，妄也；妄《复》，则无妄矣；无妄，则诚矣。故《无妄》次《复》，而曰"先王以茂对时育万物"，深哉！——《通书·家人暌复无妄第三十二》

【注释】

①厘降：本谓尧女嫁舜事，后多用以指王女下嫁。妫汭（guī ruì）：妫水隈曲之处，传说舜居于此。

②禅：帝王把王位让给他姓之人。

【翻译】

治理天下的根本在于修身，治理天下的法则在于齐家。修身必须要身正，品行持正，要达到诚，如此而已。治理天下的原则必须完善，完善的原则使一切和睦亲善。治家难，而治理天下很容易，家人太亲近，很难处理好，天下人离得远，容易处理。一个家庭成员之间离心离德，必然因妇人而起。《暌》卦排序在《家人》卦后边，因为《象传》里说："一家两个女人同住（共事一夫），而她们各怀心意各打各的算盘。"尧之所以把两个女儿都嫁给了居住在妫水边的舜，并且把妫汭封给舜，是想试试舜是否可以继承王位。这就是从治家来看他治理天下的能力，从修身看他治家的能力。修身端正说的就是要诚。若要有诚心就要克制那些不善之动，不善之动就是虚妄的举动，用《复》卦来克制虚妄的举动，就没有了虚妄的举动，没有虚妄的举动一切就符合诚的要求了。所以《无妄》卦排序次于《复》卦，《无妄》象传说："先王奋勉努力以滋润哺育万物。"这句话真是深刻啊！

【解读】

周敦颐"诚"的思想除了来自《中庸》，还有一部分来自《易传》，如本段提到《易》卦有《睽》《家人》《复》《无妄》等。诚要对自身的行为和内在品性无妄不欺，以诚信为本。治理天下的根本在于修身，修身就是要诚心，治理天下的法则在齐家，齐家要善，要和睦亲近。周敦颐认为齐家比治理天下难，因为齐家要处理好家人的关系，家人的关系比天下人的关系亲近，处理起来更难，想要齐家，就必须要修身，修身才能增强其治家的能力，而修身就在于诚，所以，想要治理好天下，归根到底是要做到诚。想要做到诚有一定的规则，就是不要有不善之举，即不要有虚妄的举动，没有了虚妄的举动就达到了诚，达到了诚就能够齐家，就能够处理好家庭关系，能够处理好家庭关系就能够治理天下了。

二十二、《正蒙》

《正蒙》，又名《张子正蒙》，是体现张载哲学思想的重要著作。"正"即订正，"蒙"即蒙昧未明，"正蒙"即从儿童起就应加以培养。张载说："养其蒙使正者，圣人之功也。"书名由此而来。书中以唯物主义的"气一元论"为中心，针对佛、道及唯心主义哲学观点进行了批判。书中有很多朴素辩证法思想，在对事物运动发展变化的认识上，作者提出了"一物两体"的观点，认为内因是事物运动的根本原因，事物的矛盾是对立统一的。《正蒙》一书对后世唯物主义哲学的发展产生了极大的影响，开辟了中国古代朴素唯物主义发展的新阶段。

【作者简介】

张载（1020—1077），字子厚，凤翔眉县（今属陕西）横渠镇人，北宋大儒，思想家、教育家，"关学"创始人，世称横渠先生，尊称"张子"。其"为天地立心，为生民立命，为往圣继绝学，为万世开太平"的名言历代传颂。张载与周敦颐、邵雍、程颐、程颢合称"北宋五子"，有《正蒙》《横渠易说》等著述传世。

【选文】

可欲之谓善①，志仁则无恶也②。诚善于心之谓信，充内形外之谓美，塞乎天地之谓大③，大能成性之谓圣，天地同流、阴阳不测之

谓神④。——《正蒙·中正》

【注释】

①可：堪，值得。欲：想要的。

②志：向慕，期望。仁：仁道。

③塞：充实，充满。

④同流：相类似。阴阳：天地间化生万物的阴阳二气。不测：难以预料，不可知。

【翻译】

值得追求的叫作善，存心于仁道就没有恶了。内心诚实善良叫作信，（信）充盈内心又通过外表显露出来叫作美，（美）充满天地叫作大，大能够成为本性叫作圣，（圣）能与天和地成为同类、极尽变化难以预料叫作神。

【解读】

对于孟子的"可欲之谓善"，众说纷纭，一般把"可欲"理解为人的各种情欲和功利性的欲求，实际上这里的"可欲"指的是人的先天善性，是人的"仁、义、礼、智"四情，有追求四情的欲望就很好。对于孔子所说的"苟志于仁矣，无恶也"，这也是儒家对"仁"的追求的体现。张载这里对"信""美""大""圣""神"的阐释，是在《孟子·尽心下》的"有诸己之谓信，充实之谓美，充实而有光辉之谓大。大而化之之谓圣。圣而不可知之之谓神"的基础上的再发挥，张载添加了"诚"的部分，不仅要"善"，而且要"诚善"，是发自内心的"善"，这样才能称作信。"充内形外之谓美"，这里添加了"形外"的部分，这种"信"不但充实于内心，还能通过外表显露出来，这种美是发自内心的美、由内而外的美。张载的"大"不但充实有光辉，而且充满天地之间，天地间到处是美才叫大。"圣"不但大而且成为本性，方可称圣。"神"则能和天地媲美，变化莫测，不可知不可探，"阴阳不测之谓神"出自《周易·系辞上》，这里的"神"令人捉摸不透但顺应一切客观的自然规律，顺乎万物变化，是天道。人能够通过个人修养从诚到善、到信、到美、到大、到圣、到神，其根本是"诚"。

二十三、《二程集》

《二程集》，也叫《二程全书》，是北宋理学家程颢、程颐两兄弟全部著作的汇集，内容包括遗书、外书、文集、易传、经说、粹言六种。遗书是弟子们记录的"二程"语录，后由朱熹编定；外书是遗书的辅编或续编；文集是程氏兄弟的诗文著作；易传是"二程"研究《易经》的心得；经说是程氏兄弟对儒家经典的解读、阐释和发挥；粹言共10篇，是杨时根据"二程"的讲学内容汇辑整理而成。《二程集》把"理"作为宇宙本体，阐述了天地万物生成和身心性命等问题，奠定了以"理"为中心的唯心主义哲学体系。其中，程颢提出的识仁、定性，程颐提出的性即理、主敬、体用一源等哲学概念和命题，在哲学史上均是首次被提出，并被后世学者沿用。他们的思想对宋明理学的发展起到了奠基作用。

【作者简介】

程颢（1032—1085），字伯淳，学者称其为明道先生，世居中山（今河北定州），后从开封徙洛阳（今属河南），北宋哲学家、教育家、诗人，理学的奠基者，"洛学"代表人物。程颢曾和其弟程颐学于周敦颐，世称"二程"，其学说在理学发展史上占有重要地位，后来为朱熹所继承和发展，世称"程朱学派"。撰有《定性书》《识仁篇》等，后人集其言论所编的著述有《遗书》《文集》等，皆收入《二程集》（也叫《二程全书》）。

程颐（1033—1107），字正叔，河南洛阳伊川（今属河南）人，世称伊川先生，为程颢之胞弟，北宋理学家和教育家。其著作有《周易程氏传》《遗书》《易传》《经说》，这些著作被后人辑录为《程颐文集》，明代后期与程颢合编为《二程集》。

【选文】

圣人言忠者多矣，人道只在忠信。不诚则无物，且"出入无时，莫知其乡①"者，人心也。若无忠信，岂复有物乎？——《二程集·遗书》第十一卷

【注释】

①乡：通"向"，方向。

【翻译】

圣人对忠诚的阐述说得很多，为人之道只在忠、信二字上。如果天道不真诚，就不能负载万物。而且"出入没有固定时间，也不知道方向"，这句话说的是人心的变幻莫测。如果没有忠和信，哪里还能存在万物呢？

【解读】

古代有贤能的人都非常推崇忠诚，"忠"是儒家学说的重要内涵与范畴，孔子提出君子行事要以忠信为主，如"言忠信，行笃敬""主忠信，徙义，崇德也""主忠信，毋友不如己者，过则无惮改"等。"诚"是天道，是天的根本属性，一切事物的存在皆依赖于"诚"，天道不诚则一切事物皆不存在。"诚者，天之道也；思诚者，人之道也。"追求"诚"（即天道）是人道，人道在人心。而人心变幻莫测，若心不存忠信，则人道不存，人道不存犹如天道不诚，天道不诚，则万物不存。

【选文】

学者不可以不诚，不诚无以为善，不诚无以为君子。修学不以诚，则学杂；为事不以诚，则事败；自谋不以诚，则是欺其心而自弃其忠；与人不以诚，则是丧其德而增人之怨。今小道异端①，亦必诚而后得，而况欲为君子者乎？故曰：学者不可以不诚。虽然，诚者在知道本而诚之耳。——《二程集·遗书》第二十五卷

【注释】

①小道：礼乐政教以外的学说、技艺，语出《论语·子张》："虽小道，必有可观者焉。"异端：古代儒家对其他学说、学派的称呼。

【翻译】

致力于学问的人不可以不诚，不诚就不能成为善人，不诚就不能成为君子。不用真诚的态度研习学问，就会学业不精；不用诚信的态度做事情，事业就不会成功；考虑事情时不真诚，就是自欺并

且背离了自己内心真正的想法；不用真诚的态度和别人相交，就是丧失自己的道德修养而且还会招来别人的怨恨。如今（即使是）学习其他的学说和技艺，也一定要用诚的态度，这样才能有所收获，何况是想成为君子一样的人呢？所以说：致力于学问的人不可以不诚。即使这样，真正的诚是要在认识万物本原后才去追求。

【解读】

"诚"是做好任何事情都不能缺少的重要的道德要求，做学问也一样，不诚就学不精，无论是学习礼乐政教等学问还是儒家学说以外的学问，不诚均不能学好，做事情不诚不能成事，对人不诚会招人怨恨，对于自己，也要做到"自诚明"。"诚者，天之道也；诚之者，人之道也。""诚者"和"诚之者"是《中庸》"天道"和"人道"的反映，"二程"继承《中庸》的"诚"的思想，并加以发挥，认为"诚"既是天道本体，又是道德修养的至高境界，既可以上推天道，又可以下明人事，"诚"是沟通天人的重要途径。程氏以君子为人的最高目标，但要想成为君子，必须诚，"不诚无以为君子"。

二十四、《资治通鉴》

《资治通鉴》共294卷，是北宋时期司马光主持修撰的一部重要的编年体史书，记录了从周威烈王二十三年（前403）到五代后周世宗显德六年（959）16朝1362年的历史。书中总结出许多经验教训，供统治者借鉴，宋神宗认为此书"鉴于往事，有资于治道"，所以定名为《资治通鉴》。

【作者简介】

司马光（1019—1086），字君实，号迂叟，谥文正，陕州夏县（今属山西）涑水乡人，世称涑水先生，北宋政治家、史学家、文学家。宋神宗时，因反对王安石变法，离开朝廷十五年，主持编纂了中国历史上第一部编年体通史《资治通鉴》。

【选文】

夫信者，人君之大宝也。国保于民，民保于信；非信无以使民，非民无以守国①。是故古之王者不欺四海，霸者不欺四邻，善为国者不欺**其民**②，**善为家者不欺其亲**。不善者反之，欺其邻国，欺其百姓，甚者欺其兄弟，欺其父子。上不信下，下不信上，上下离心，以至于败。所利不能药其所伤，所获不能补其所亡，岂不哀哉！昔齐桓公不背曹沫之盟③，晋文公不贪伐原之利④，魏文侯不弃虞人之期⑤，秦孝公不废徙木之赏⑥。此四君者道非粹白⑦，而商君尤称刻薄，又处战攻之世，天下趋于诈力，犹且不敢忘信以畜其民，况为四海治平之政者哉！⑧——《资治通鉴》第二卷《臣光曰》

【注释】

①无以守国：没有办法保住国家。无以，没有（谁）、没有（办法）；守国，守卫都城，引申为保住国家。

②为国：治理国家。为，治理。

③齐桓公不背曹沫之盟：事见《史记·刺客列传》，当时曹沫担任鲁国将军，与齐国作战，打了三次败仗，鲁庄公因害怕而献遂邑的土地与齐国讲和，但

仍以曹沫为将军。后来齐桓公与鲁国在柯地会盟，齐桓公与鲁庄公已经在坛上盟誓，曹沫突然手持匕首劫持了齐桓公，大家都愣住了，齐桓公问："你想干什么？"曹沫说："齐国强大，鲁国弱小，但你们大国欺负鲁国也太过分了，鲁国的城池都被你们攻打得快倒塌了，你看着办吧。"无奈之下，齐桓公便答应归还侵占的鲁国土地。曹沫听后便扔下匕首，走下盟约的高台，回到自己的位置上，脸色不变，言谈如故。齐桓公脱离了危险，勃然而怒，想毁约。这时，管仲就急忙出主意说："不能这样，贪图小利而逞一时之快，在诸侯面前不讲信义，就会失去天下的援助，不如把土地给他们。"最后齐桓公便将抢夺的鲁国土地还给了鲁国。

④晋文公不贪伐原之利：见本书163页。

⑤魏文侯不弃虞人之期：见本书169页。

⑥秦孝公不废徙木之赏：见本书178页。

⑦粹白：纯洁。

⑧四海治平：天下太平。治平，政治清明，社会安定。

【翻译】

诚信，是君主至高无上的法宝。国家依靠民众来保卫，民众依靠诚信来保护；（国家）不讲诚信就无法役使民众，没有民众就没有办法保卫国家。所以古代成就王业的君主不欺骗天下，建立霸业者不欺骗四方邻国，善于治国者不欺骗人民，善于治家者不欺骗亲人。不善于治理的人则与此相反，欺骗邻国，欺骗百姓，甚至欺骗自己的兄弟，欺骗自己的父子。上位者不相信在下位的，下位者也不相信在上位的，上下离心，一直（发展）到败亡的地步。（靠欺骗）所得到的小利益不足以弥补因欺骗遭受的损害，（靠欺骗）所获得的不足以弥补失去的，这难道不可悲吗！当年齐桓公不违背曹沫以胁迫手段与他订立的盟约，晋文公不贪图攻打原国的利益而遵守信用，魏文侯不背弃与虞人的约定，秦孝公不收回对搬运木头之人的重赏，这四位君主的治国之道称不上完美，而且商鞅更可以说得上是刻薄了，并且他们处于战争攻伐的乱世时代，天下的人趋向于欺诈和暴力，（在这样的情况下他们）尚且不敢忘记以诚信来蓄养他的民众，又何况现在作为社会安定时期的执政者呢！

【解读】

这是司马光对"商鞅承诺徙木者赏十金"等取信于民的故事所作的评价。司马光认为，诚信是君主治理国家的"大宝"，要特别予以重视，民无信不立，国需要民来守护，国亦无信不立。由于诚信的人不欺骗亲人、百姓、邻国、天下，所以只有诚信的人才能治理好国家，成就王业、霸业。反之，不诚信的人欺骗邻国、百姓、兄弟、父子，最终导致覆灭。有时候欺骗能够获得眼下的利益，但这些微小之利远远不足以弥补其因为不诚信带来的损失，这也教会我们要放眼长远，谨慎修身。这四个典故也让我们知道，诚信有时候会给人带来眼下的损失，但是它能够让人收获更多。

二十五、《朱子语类》

　　《朱子语类》，又名《朱子语录》《朱子语类大全》，是南宋朱熹与其弟子讲学问答的语录汇编。宋代景定四年（1263）黎靖德以类编排，于咸淳六年（1270）刊为《朱子语类大全》140卷，即今通行本《朱子语类》，共分为26类。《朱子语类》认为"理是世界的本原"，提出世间万物都是由理和气衍生而成的唯心主义世界观。在编排次第上，首论理气、性理、鬼神等世界本原问题，以太极、理为天地之始；次释心性情意、仁义礼智等伦理道德及人的本性禀赋之本原；再论知行、力行、读书、为学之方等认识方法。此书还分论《四书》《五经》，借此阐述理学观点，认为孔、孟、周、程、张、朱的思想是正统，阐明道统，排斥释老。《朱子语类》基本代表了朱熹的思想。

【作者简介】

　　朱熹（1130—1200），字元晦，又字仲晦，号晦庵，晚称晦翁，谥文，世称朱文公，祖籍徽州府婺源县（今江西婺源），出生于南剑州尤溪（今属福建），宋朝著名的理学家、思想家、哲学家、教育家、诗人，闽学派的代表人物，儒学集大成者，世尊称为"朱子"。朱熹是"二程"的三传弟子李侗的学生，与"二程"合称"程朱学派"。朱熹的理学思想对元明清三朝影响很大，成为三朝的官方哲学。朱熹著述甚多，有《四书章句集注》《太极图说解》《通书解说》《周易读本》《楚辞集注》，后人辑有《朱子大全》《朱子集语象》等，其中《四书章句集注》成为钦定的教科书和科举考试的标准。

【选文】

人道惟在忠信①，"不诚无物"。人若不忠信，如木之无本，水之无原②，更有甚底③！一身都空了。——《朱子语类》第二十一卷

【注释】

①惟：只。

②原：同"源"，源头。

③更有甚底：更有甚者，比这个更严重，形容程度更深。

【翻译】

做人之道只在于忠信，不诚信就没什么可谈的了，人要是不忠信就像无根之树，无源之水，甚至，一切都会成为假的和空的。

【解读】

朱熹这里的诚信，是对《中庸》和"二程"诚信思想的继承，认为人应该把忠和信作为为人之道。又从反面进行阐释，认为不忠诚、不诚信的人和无根之木、无源之水相似，无根之木活不长久，无源之水流不长远，所以不忠信的人在世上亦无立足之地，所以会"一身都空了"，正如他在《中庸章句》中所说的："道之浩浩，何处下手？惟立诚才有可居之处，有可居之处则可以修业也。"所以，诚信是人立身处世的根本。

【选文】

问："'民无信不立'，是民自不立，是国不可立？"曰："是民自不立。民不立，则国亦不能以立矣。"问："民如何是不立？"曰："有信，则相守而死①。无信，则相欺相诈，臣弃其君，子弃其父，各自求生路去。"——《朱子语类》第四十二卷

【注释】

①相守：相互依靠，相互依傍。

【翻译】

（陈淳）问朱子："'民无信不立'（这句话中的'不立'），说的是（没有诚信）百姓不能立其身，还是（没有诚信）国家不能立其国呢？"朱子回答说："说的是（没有诚信）百姓不能立其身。百姓不能立其身，那么国家也就不能立其国了。"（陈淳）问："百姓不能立其身怎么理解？"朱子回答说："如果诚信，大家就会相互依靠，同生共死。如果不诚信，大家就会互相欺骗，臣子会舍弃他的君主，儿子会舍弃他的父亲，各自去寻求生路了。"

【解读】

"民无信不立"出自《论语·颜渊》，陈淳针对这句话中的"不立"二字，向朱子请教，"不立"到底是指民还是国？"民自不立"，是说百姓没有诚信就无以立身，"国不立"，是说没有诚信，不能取信于民，国家无以立国，现在一般认为"民无信不立"是不取信于民则国无以立。朱子认为是"民自不立"，没有诚信，百姓就无以立身，如果百姓无以立身，那么这个国家也就无以立国

了。说到底，诚信既是百姓的立身之本，也是国家的立国之本，民不立则国不立，只有彼此之间相互信任，才能在危难时刻相互依靠，同生共死，如果没有诚信，则相互欺诈，相互背弃，则国不立。所以，诚信是维护社会安定、巩固国家政权的前提和保证，是立国之本。

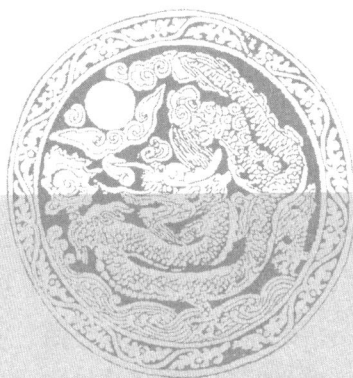

「诚信」故事

一、周幽王：失信亡国

周幽王（前795—前771），姬姓，名宫湦，周宣王姬静之子，西周第十二任君主，谥号幽王。在位期间，不务朝政，沉溺于美色，甚至上演烽火戏诸侯的闹剧。公元前771年，犬戎攻入西周都城镐京，杀死姬宫湦，西周灭亡。

1.任用佞臣，广选美女

周宣王死后，周幽王继位。周幽王是个荒淫无道的昏君，在他继位的第二年，周的王畿地区发生了大地震，百姓受灾，民不聊生。但周幽王却毫不在乎，依旧只顾自己享乐，重用佞臣虢石父，增加赋税，盘剥百姓。对外攻伐犬戎，大败而归，使得国内怨声载道。大臣褒珦劝谏幽王，周幽王非但不听，反而把褒珦关押起来。褒珦族人千方百计想要将褒珦救出，他们听说周幽王好美色，正下令广征天下美女入宫，就借此机会寻访美女。在褒城内找到一位姒姓女子，教其唱歌跳舞，并把她认真打扮，取名叫褒姒，献给幽王，以此来替褒珦赎罪。幽王见了褒姒，惊为天人，非常喜爱，马上立她为妃，同时也释放了褒珦。

2.宠幸褒姒，烽火戏诸侯

幽王自得到褒姒以后，十分宠爱她，但褒姒自进宫以来从来没有笑过。幽王为了博得褒姒一笑，不惜想尽一切办法。可是不论幽王怎么讨好，褒姒始终不笑。为此，周幽王发出重赏，谁能博褒姒一笑，赏以千金，佞臣虢石父献出"烽火戏诸侯"的计谋。烽火本是古代敌寇侵犯时的紧急军事报警信号。西周为了防备犬戎的侵扰，在镐京附近的骊山（在今陕西临潼东南）一带修筑了20多座烽火台。一旦犬戎进袭，首先发现的哨兵会立刻在台上点燃烽火，邻近烽火台也相继点火，向附近的诸侯报警。诸侯见了烽火，就知道京城告急，天子有难，必须派兵勤王，赶来救驾。

周幽王同褒姒并驾游骊山，燃起烽火，擂鼓报警，各路诸侯一队队兵马闻警来救，到后才发现平安无事，又退兵回去。褒姒站在骊山上，看见千军万马召之即来，挥之即去，觉得十分有趣，禁不住莞尔一笑。周幽王大喜，立刻赏虢石父千金。后来，周幽王又数次用这样的方法戏弄诸侯们，诸侯们渐渐不再相信幽王的烽火报警。

3.不遵宗法，废黜太子

为了进一步讨褒姒欢心，周幽王不按礼制宗法行事，废黜王后申氏和太子宜臼，册封褒姒为后，封褒姒生的儿子伯服为太子，并下令废去王后父亲申侯的爵位，还准备出兵攻伐他。申侯得到这个消息，联合缯侯以及西北夷族犬戎，先发制人。公元前771年，犬戎兵至镐京，幽王再燃烽火，诸侯因多次受愚弄，以为又是周幽王与王后在戏弄他们，便按兵不动。犬戎的兵马攻破镐京，周幽王只能带着褒姒、伯服，仓皇从后门逃出，奔往骊山。幽王被杀，褒姒被掳。此时，诸侯们知道犬戎真的打进了镐京，这才联合起来，带着大队人马来救援。犬戎得知诸侯的大军到了，把周朝的宝贝财物一抢而空，纵火退却。

褒姒不喜欢笑，周幽王想方设法让褒姒一笑，结果落得国破身亡。《左传·僖公十四年》云："弃信背邻，患孰恤之？无信患作，失援必毙。"意思是："如果丧失信用背弃邻国，遇到祸患就不会有人同情，失去了信用，一旦祸患发生，没有人来支援，就必定会灭亡。"周幽王烽火戏诸侯导致西周灭亡，成为天下人的笑柄，同时也成为后代君王修身治国的重要警示。

二、齐襄公：及瓜而代

齐襄公（？—前686），姜姓，吕氏，名诸儿。他是齐僖公的长子，齐桓公异母兄长，春秋时期齐国第十四位国君，公元前698年至公元前686年在位，在位期间荒淫无道，昏庸无能，后为连称、管至父、公孙无知等人所杀。

春秋时期周庄王佗九年（前688），齐国联合宋、鲁、陈、蔡四个诸侯国攻打卫国。卫国被攻陷后，齐襄公担心周王会派兵讨伐齐国。就派连称和管至父驻守葵丘（今河南商丘）。古代戍兵的规矩是一年一换。齐襄公与二人约定第二年瓜熟时派人去替换他们。于是二人带兵前往葵丘驻守。齐襄公十二年（前686），二人在葵丘驻守一年，瓜熟时期已过，仍不见襄公派去替换他们的人。连称、管至父向襄公请求派人替代，齐襄公不答应。连称和管至父非常愤怒，于是策划叛乱。

公孙无知是齐襄公的堂弟，他虽然父亲早逝，但颇得襄公父亲僖公的喜爱。僖公以太子的待遇对待他，齐襄公很是妒忌。齐襄公一当国君，马上就取消了公孙无知的太子待遇。连称和管至父二人知道公孙无知怨恨齐襄公，于是便利用公孙无知发动叛乱。连称的堂妹是齐襄公的妃子，却不受齐襄公宠爱，公孙无知就指使她侦察齐襄公的情况，并答应她事成之后，让她做自己的夫人。

同年十二月，齐襄公在贝丘（一作沛丘，今山东博兴东南）打猎，因受到野猪的惊吓，从车上掉下来摔伤了脚，还将鞋子弄丢了。齐襄公回去后，责令管鞋人费（一作弗）去找鞋，费找不到，齐襄公就抽打费三百鞭，将费打得皮开肉绽。公孙无知和连称、管至父等人听说齐襄公受伤，便率领手下袭击襄公的行宫，正遇上费从宫殿出来。费对无知说："我哪里会抵抗你们，你们暂且不要入宫惊扰，惊动宫中反而不易攻进去。"公孙无知不相信，费便解开衣服，露出自己背后的鞭伤。公孙无知看到费被襄公打得伤痕累累，断定费没有欺骗他们。于是就派费进宫探路，自己等在宫外。费进宫后，立即将齐襄公隐藏到门后。公孙无知等人在宫外等了很久不见动静，害怕事情出现变化，于是率众进去。费率领宫中侍卫与公孙无知等人进行了搏斗，费等人全部被杀。公孙无知进入宫中，到处寻找襄公。有军士看到门后面有人将脚露出，仔细一看，发现正是襄公，随即把襄公杀掉。公孙无知自立为国君，史称齐前废公。

《荀子·强国》中载："古者禹汤本义务信而天下大治，桀纣弃义背信而天下大乱。故为人上者，必将慎礼义、务忠信然后可，此君人者之大本也。"就是说国君一定要懂礼义，讲忠信，然后才能治国，诚信是君子治国的根本。齐襄公正是因为失信于臣子连称和管至父，致使二人怀恨在心，最终死于他们策划的叛乱之中。

三、晋文公：以信立国

晋文公（前697—前628），姬姓，名重耳，是春秋时期晋国的第二十二任君主，晋献公之子，晋惠公之兄，公元前636年至公元前628年在位。谥号文，史称晋文公。晋文公文治武功卓著，是春秋五霸中第二位霸主，与齐桓公并称"齐桓晋文"。

1.信守诺言，退避三舍

重耳初为公子时谦虚而好学，喜欢结交有才能的人。但是他的父亲晋献公听信谗言，杀了太子申生，又派人捉拿他，于是他被迫流亡在外，十九年间辗转到了狄、卫、齐、曹、宋、郑、楚、秦八个诸侯国。

重耳流亡到楚国的时候，楚成王以接待诸侯的礼节接待重耳，重耳推辞不敢领受。重耳的随从赵衰说："您在外流亡十余年，很多小国都轻视您，更何况大国呢？楚国作为一个大国，能以这样的待遇招待您，您就别推辞了，这是老天要让您复国的象征啊！"于是，重耳与楚王以诸侯会面的礼节相会。在宴会期间，楚王问重耳："假如您回到故国，您准备怎么报答我呢？"重耳说："羽毛、齿角、玉帛等值钱的东西，您用都用不完，我也不知道用什么来回报您。"楚王说："即便这样，您总该回报我吧。"重耳说："如果有一天，我国与贵国不得已交战，我愿意让我国军队避让几十里地。"楚国大将子玉听了非常生气，说："我们楚王以非常优厚的礼节对待晋公子，如今重耳出言不逊，请让我将他杀掉。"楚成王说："晋公子虽然在外国受困多年，但他非常贤明。他的随从都是国家的栋梁之材，这是老天的安排，怎么能随便杀掉他呢？"于是，楚王留重耳住了几个月。之后，派人将重耳送到秦国。四年之后，重耳在秦穆公的支持下回到晋国，杀了晋怀公而自立，史称晋文公。

晋文公励精图治，改革弊政、整顿军队，使得晋国迅速强大起来，大有称霸中原之势。公元前632年，晋楚之间终因不和发生了战争。当时楚国想要先发制人，就派大将攻击晋国。晋文公得到楚国进攻的消息，命令军队后撤。晋国的军士非常困惑，都说："为什么要撤退呢？"文公解释说："当年我落难在楚国时，和楚王约定后退九十里，如今我怎么能违约呢？"最终，晋国军队后撤了九十里，在城濮与楚国开战，大胜楚国。

周王室听说这件事，认为晋文公退避三舍是守信之举，值得称赞。于是，周襄王亲自慰劳晋军。晋文公也趁此机会主持了践土之盟，与各国诸侯订立盟约。从此，晋文公成为了中原霸主。

2.言出必行，准时撤兵

公元前635年，为了营救周襄王，晋国派兵包围了原国。晋文公对士兵们说："我们只携带了三天的粮食，如果三天之内无法打败原国，我们就撤军回国。"过了三天，原国依然没有要投降的迹象。于是，晋文公决定撤兵。正巧晋国派到原国的间谍从城里出来，对晋文公说："原国马上就准备投降了。"晋国的将领也对文公说："原国很快就能投降了，请您再等待几天，我们一定可以打败原国。"晋文公回答说："我与将士们约定三天撤兵，如果不撤兵，就是失信。信用是一个国家最重要的东西，只有依靠信誉才能庇护百姓。为了得到原国而失去信用，这样的事我怎么会做呢？"于是，晋文公下令退兵三十里。原国的百姓见晋文公如此守信，都说："有这样守信的君主，我们为什么不投奔他呢？"因此，原国百姓纷纷投降晋国。这件事在当时影响很大，孔子听说了这件事，对弟子说："晋文公是因为信誉而战胜的原国啊！"

3.不忘誓言，封赏功臣

公元前636年，晋文公从秦国返回晋国。秦国为了表示尊重，将他送到黄河边。在渡黄河时，与晋文公一起流亡在外的随从咎犯对晋文公说："臣与您一起流亡在外，一路上犯了很多错误。您现在是一国之君，要有更贤明的人在您左右。我资质鲁钝，难当大任，请您允许我离开。"晋文公听完，将随身携带的玉璧扔到河里，对着黄河发誓说："我回国后一定会封赏与我同甘共苦的人，如果违背誓言，请求河伯惩罚我。"此时，介子推正在晋文公身边，对晋文公说："上天帮助您重返王位，咎犯身为臣子，竟然以功劳要挟君王。这真令人羞愧啊，我不愿与这样的人同朝为官。"于是，在渡过黄河之后，介子推就以照顾老母为借口，辞官回家。

晋文公即位之后，改革朝政，施恩于百姓。跟随晋文公流亡的功臣也都得到了封赏，唯独没有封赏介子推。介子推耻于谈论封赏，自己也绝口不提这件事。介子推的母亲问介子推："你为什么不去请求封赏呢？"介子推说："献公有九个儿子，只有当今国君还在人世。惠公和怀公没有亲信，全国百姓都唾弃他们。老天要想让晋国继续发展，除了当今国君还有谁能当此大任呢？老天要让国君继承晋国的王位，和我们这些亲信有什么关系呢？盗取别人的财产，会被称作盗贼。那些盗取老天功劳的人又会被称作什么人呢？臣子隐匿自己的过错，国君奖赏奸佞的臣子，君臣相互欺骗，我难以和这样的人共处。"母亲又问："既然这样，你为什么不跟国君说明情况呢？"介子推说："语言就像刺在身上的图案，既然想把身体隐藏起来，还用得着刺上图案装饰吗？在身上刺上图案，就是为了让别人看的。"介子推的母亲听到这话，便说："如果你想这样做的话，我同你一起归隐山林。"于是介子推便带着母亲一起归隐绵山，过着与世隔绝的生活。

介子推的随从非常同情他的遭遇，便在晋文公的宫门口挂了一块牌子，上面写道："龙欲上天，五蛇为辅。龙已升云，四蛇各入其宇，一蛇独怨，终不见处所。"晋文公看到之后，说："这是在说介子推啊，我竟然忘了他的功劳。"于是派人召见介子推，但介子推已经逃走。晋文公派人打听到介子推归隐于绵山。于是，便把环绕绵山的土地都封给介子推，将绵山改名为介山，并说道："希望后人能记住我的过失，并以此表彰有品德的人。"

北宋司马光《资治通鉴》云："夫信者，人君之大宝也。国保于民，民保于信。非信无以使民，非民无以守国。是故古之王者不欺四海，霸者不欺四邻，善为国者不欺其民，善为家者不欺其亲。不善者反之，欺其邻国，欺其百姓，甚者欺其兄弟，欺其父子。上不信下，下不信上，上下离心，以致于败。"就是说诚信是做人的最大法宝，国家依靠人民，人民依靠信用。君王无信用不能统治人民，失去民心则不能守国，所以古代圣王不欺骗四海，强盛的霸主不欺骗四邻。善于治理国家的人不会欺骗他的百姓，善于治家的人不会欺骗他的亲属。而不善治国的人则正相反，这样，必然会导致失败。晋文公以信立国，把信用当作治国安民的法宝，是一位诚信的君主，正是他开创了晋国长达一个多世纪的中原霸权时代。

四、齐后庄公：失信不立

齐后庄公（？—前548），亦称齐庄公，姜姓，吕氏，名光，齐灵公之子，春秋时期齐国国君，公元前553年至公元前548年在位，在位时间很短，没有什么突出的政绩。因与崔杼之妻东郭姜私通，被大夫崔杼等人杀害。

栾盈是晋国的大夫，因为其母栾祁与人私通，诬告栾盈作乱。栾盈为范宣子所逐，被迫逃亡到楚国。为了抓到栾盈，晋国在商任（今河北任县东）召集诸侯会盟。盟会上，晋国提出要求，参会的诸侯国不能收留栾盈。齐国也参与了这次会盟，并答应帮忙捉拿栾盈。到了秋季，栾盈从楚国逃到了齐国。齐庄公打算收容栾盈，晏平仲进谏说："在商任之会上，您已经答应晋国帮忙捉拿栾盈。现在又接纳栾盈，您准备怎么任用他呢？齐国是小国，晋国是大国。小国侍奉大国，靠的是信用。如果失去信用，靠什么立国呢？您一定要好好考虑才是啊！"齐后庄公不听。晏平仲退出后告诉陈文子说："作为君王，应当诚信。作为臣子，应当恭敬。忠实、信用、诚笃、恭敬，这些品德是上天的常道。如今国君自暴自弃，恐怕不能长久在位了！"到了冬天，齐国又和晋国在沙随（今河南宁陵东北）会盟，还是为了抓栾盈的事。齐庄公还是不愿意把栾盈交给晋国，晏子说："祸乱马上就要到来了，这不能不让人担心啊！"果然，齐后庄公只在位六年。公元前548年，齐后庄公因与崔杼之妻东郭姜私通，被崔杼等人杀害，崔杼拥立齐庄公异母弟杵臼为国君，是为齐景公。

司马贞《史记索隐》载："庄公失德，崔杼作仇。"庄公穷兵黩武，不顾信义，执政才十五年，就因为荒淫误国，为大夫崔杼所杀。

五、孟武伯：食言而肥

孟武伯（生卒年不详），姬姓，名彘，被后人称为仲孙彘，谥号武，春秋时期鲁国大夫，孟僖子之孙，孟懿子之子，鲁国孟孙氏第10代宗主。曾向孔子问孝，孔子曰："父母唯其疾之忧。"

春秋时期鲁国有个叫郭重的大臣，为人正直讲信用，平时颇受鲁哀公宠信。而鲁国大夫孟武伯，说话一贯无信。哀公对孟武伯有很大意见，但因为孟武伯很有势力，哀公不能直接将其赶出宫廷，只得暗自不满。孟武伯十分嫉妒郭重受宠，因为郭重肥胖，孟武伯经常拿郭重的肥胖说事。

哀公二十五年（前470）的六月，鲁哀公结束了越国的出访之后回到鲁国，大夫季康子和孟武伯到五梧（今山东平邑西北）迎接鲁哀公的车驾。当时，郭重担任哀公的御者，看到他们二人，就对哀公说："他们在背后说了很多诋毁您的坏话，您一定要当面质问他们！"鲁哀公在五梧举办宴会，宴请诸位大夫，并将郭重安排在自己身边。孟武伯因为厌恶郭重，就借敬酒的机会取笑郭重说："您吃了什么才能长得这么肥胖呀？"季康子听到后插话说："该罚孟武伯喝酒！由于我国距离仇敌齐国太近，我们两人不能陪君王同行参加这次远行，得以免受长途跋涉之苦，而郭重跟随国君辛苦奔波，武伯怎么能说他走了一趟却吃肥了呢？真不像话。"郭重还没有说什么，鲁哀公听了，觉得很厌恶，便代替郭重答道："他经常说话不算数，总把自己说出的话又吃回肚子里去了，能不肥吗？"这句话分明是指桑骂槐，反过来讽刺孟武伯惯于说话不算数。众目睽睽之下，又出于国君之口，孟武伯顿时面红耳赤，感到万分难堪，下不来台。这次宴会不欢而散，君臣之间也有了嫌隙。

"食言而肥"这个成语由此而来，主要用来讽刺那些说话不算数，不守信用，只图自己利益的人。王充《论衡·问孔篇》中"言行相应，则谓之贤"，把言行一致看作是贤能的标志。孟武伯言行不一致，因而受到国君的厌恶，后来"食言而肥"也成为孟武伯的代名词。

六、吴起：德信治军

吴起（前440—前381），战国初期军事家、政治家、改革家，兵家代表人物。卫国左氏（一说今山东菏泽曹县，一说今山东菏泽定陶区）人。后世把他和孙武并称为"孙吴"，著有《吴子》，是中国古代重要军事典籍。

1.明君治国，任用贤才

此时，魏国的国君是魏文侯。魏文侯（前472—前396），姬姓魏氏，名斯，一名都，安邑（今山西夏县）人，是魏桓子之孙，为战国时期魏国开国君主。魏文侯是一个明君，治国有方。同时，他也是一个非常讲诚信的人。有一次，魏文侯和虞人约定好出去打猎。到了约定之日，魏文侯和大臣们在宫中宴饮，意酣情浓，却不料天下起了雨。魏文侯起身将要出去。大臣们说："今天喝酒这么快乐，天又下大雨，大王要去哪里呢？"魏文侯说："我和虞人约好去打猎。虽然现在很快乐，我难道可以不遵守约定吗？"于是便亲自前往约定的地方会见虞人。正因为如此，当时许多有才能的人去投奔魏文侯，吴起也是其中之一。

魏文侯听说吴起到了魏国，非常高兴，想要重用吴起。但又不知道吴起的为人怎么样，于是，文侯就问他最信任的大臣李克：

"现在吴起到了魏国，我想重用他治理国家，就是不知道吴起这个人怎么样。"李克想了一下回答说："吴起这个人非常渴望建功立业，虽然贪图高官厚禄，喜欢美女珍玩。但他的军事才能举世无双。就连当年齐国最著名的司马穰苴都不如他。"魏文侯听完，立刻将吴起封为大将。吴起一上任，就出兵攻打秦国，一连攻下了秦国的五座城池，立下大功。

2.以诚待人，以信治军

吴起对待自己的朋友非常讲信用。有一次吴起外出遇到了老友，就留他吃饭。老友说："好啊，我出门有点儿事，等办完事回来再吃饭。"吴起说："我在家等您一起吃饭。"到了傍晚，老友还没有回来，吴起要等候老友，坚决不先吃饭。一直到了第二天早晨，老友还是没有回来。吴起就让人去找老友，老友来了，他才同老友一起吃饭。吴起不吃饭而等候老友的原因就是要信守承诺。

吴起在领军打仗时，总与地位最低的士兵同吃同住。在行军时，总是亲自背着粮食与行李，和普通的士卒一样辛苦。有一次，在行军间隙，吴起看到一个士兵愁眉苦脸，不断呻吟。吴起一问才知道，这个士兵得了非常严重的脓疮。在当时的医疗条件下，脓疮是非常难治愈的。只有让人用嘴将脓血吸出，才有可能康复。吴起问明了情况，就亲自为这个士兵吮吸脓血，这个士兵的伤势果然好转起来。这件事情之后，吴起在士兵心目中的地位变得非常重要。很多士兵都愿意为吴起效力。

魏文侯去世之后，他的儿子魏武侯继位，吴起担任西河郡守。当时秦国有个小哨亭靠近魏国边境，如果不除掉小哨亭，便会对魏国的种田人构成很大危害；如果要除掉小哨亭，又不值得为此征集军队。吴起最终还是决定攻下它。但是由于治理西河的时间不长，军队中的将士都非常不服气，往往在私下里议论说："吴将军这么年轻，要是上阵打仗固然可以所向无敌，但要是治理军队，恐怕难以服众啊！"吴起闻言，就打算在军队中建立威信。

于是，吴起就在北门外放置了一根辕木，然后下令道："谁能把它搬到南门外，就赏给谁上等田地，上等住宅。"等到有了搬动它的人，立即按照命令行了赏。不久，吴起又在东门外放了一担赤豆，并下令说："谁能把它搬到西门，赏赐如前。"人们抢着搬赤豆。于是，吴起下令道："明天将攻打哨亭，有能先上阵的，任命他做国大夫，赏他上等田地和住宅。"人们争先恐后。于是攻打哨亭，一个早上就将其拿下了。

吴起之所以能打败秦国，与他以诚待人、以信治国的理念有很大关系。

3.建言献策，信义良方

有一次，魏武侯去吴起驻守的西河地区视察，君臣二人坐着船顺流而下。魏武侯在船上看见山河壮丽，非常开心。就问吴起说："您看这山河多么美丽雄壮，这才是魏国的财富啊！"吴起回答说："臣以为国家的财富应该是德与信，而不是这些天险。想当年三苗氏左有洞庭湖，右有彭蠡泽，可以算得上是天险了，但三苗氏不修德政，最终也落得亡国的下场。夏桀居住的地方，左边是河济，右边是泰华山，北边有伊阙，南边有羊肠，这些也不能不说是天险，但夏桀不修德政，最终被汤放逐。商纣王居住的地方左边是孟门，右边是太行，衡山在北，黄河在南，也不能不说是天险，但纣王依然被武王所杀。由此可见，治理国家要凭借仁政和信义。如果不施仁政，这艘船上的人也都会成为我们的敌人啊！"魏武侯听完，感慨地说："您说得对，您真是国家的贤臣啊！"

对人以诚信，人不欺我；对事以诚信，事无不成。做人要讲究诚信，不能因为一己之私而违背承诺。开口邀约是一件简单的事，但信守约定、践行约定就不那么容易了。只有诚信之人才能够做到。守约是诚信的要求和表现，魏文侯信守约定，冒雨期猎，体现了他的诚信，君王的诚信对一个国家是至关重要的，魏国能成为当时的强国，与魏文侯的诚信治国不无关系。吴起以身作则，以信服人，他认为若法令不明，赏罚不信，虽有百万之军亦无益。因此，他在治理西河时期，特别注重德信治军。故明宋濂《龙门子凝道记》中载："欲服三军，非信不可也！"

七、程婴：舍子救孤

程婴（？—约前583），春秋时晋国人，与赵盾、赵朔为挚友。晋景公三年（前597）赵家被灭族，程婴与公孙杵臼冒险保护赵氏后代。程婴为了保护赵家后代，牺牲了自己刚出生不久的儿子。后来，晋景公为赵家平反，程婴则自杀以报死去的故友。程婴忠于朋友，言出必行，是义士的典范。

1.赵氏危机，家族遭祸

赵朔是赵盾的儿子，晋景公三年，袭职辅佐景公。景公的宠臣屠岸贾为了争夺权势，诬陷赵盾杀害灵公，准备对赵氏发动攻击。大将韩厥得到消息，向屠岸贾进言说："晋灵公被杀的时候，赵盾还逃亡在外。怎么能说赵盾是凶手呢？胡乱杀人只会导致国家混乱啊，请您三思！"屠岸贾一心只想夺权，根本不听韩厥的话，依旧点齐人马，准备出兵。韩厥见势不妙，赶快骑着快马去赵朔家中，将情况告诉了赵朔，并催促赵朔赶快逃跑。赵朔说："我是晋国的大臣，如果在危急时刻逃亡，这不是为人臣子应该做的事啊！我是不会走的。只求您一件事，希望您能答应。"韩厥说："您是一个君子，为国尽忠。您要是有什么要求就告诉我，我一定帮您实现。"赵朔说："我只请求您保护一下我的子女，不要让赵家绝后。"韩厥说："好的，我一定尽我的全力保护您的子嗣。"韩厥说完，便匆匆回家，称病不出。

很快，屠岸贾带领军队前来攻打赵朔居住的下宫，赵朔身边只有几百族人，远远不是屠岸贾的对手。赵朔明知寡不敌众，便将自己已经怀了身孕的妻子叫到身边，对她说："外面敌军已经逼近，我势必难以生还，但你身怀有孕，是我们赵家的希望，希望你一定活下去！"赵夫人含泪点头。赵朔说完，又将自己最信任的门客公孙杵臼叫到身边，对他说："往年先生一无所有，到我门下，我以上宾之礼对待先生。如今事情危急，我有一事相求，不知先生能否答应？"公孙杵臼说："只要是您的命令，赴汤蹈火，在所不辞。"赵朔指了指身边的妻子说："请您保护我的妻子和我的孩子，保存赵家香火。"公孙杵臼点头说道："请您放心，我一定不负所托。"赵朔又说道："您出去之后，可以找我的好朋友程婴帮忙，他一定会全力协助您的。"说完，赵朔就带领自己仅有的几百人前去迎敌，结果不出所料，赵朔和他的叔叔及族人全被杀害。

2.赴汤蹈火，舍子救孤

赵夫人原本是鲁成公的姐姐，见到事情紧急，就躲到了王宫里。公孙杵臼知道这个消息很快就会泄漏，于是去找程婴商议对策。公孙杵臼对程婴说："古人说'士为知己者死'，如今，您的好友冤死，您怎么还能在世上偷生？"程婴说："我听说赵夫人身怀有孕，很快就要分娩。我要把孩子抚养成人，如果我看到复仇无望，再死不迟。"没过多久，赵夫人分娩，生下一个男婴，但这个消息很快就被屠岸贾知道了。屠岸贾为了斩草除根，直接领兵包围了王宫。

此时的晋景公已经没有任何权力可言，只能躲在宫殿里。屠岸贾守住宫门，亲自进来搜查宫里的男婴。赵夫人走投无路，只好换上了宫女的衣服，并把孩子夹在腿间，对天祷告说："如果您要灭赵氏，就让孩子哭泣，如果您不想灭赵氏，就别让孩子哭。"说来也神奇，孩子果然一声不出，赵家母子躲过了屠岸贾的搜查。屠岸贾认为孩子肯定被偷偷转移走了，便向城外搜去，赵氏母子因此才得以幸免。等到屠岸贾退兵之后，赵夫人立刻把公孙杵臼和程婴叫来商量对策。程婴对公孙杵臼说："屠岸贾一次搜查未获，一定会继续扩大搜查范围，我们应该怎么应对呢？"公孙杵臼问程婴说："您说抚养孤儿与死哪个更难？"程婴说："当然死容易，抚养孤儿更难。"公孙杵臼说："我的主人待您如何？"程婴说："赵朔对我就像亲兄弟，他对我的恩情深似海。"公孙杵臼说："那就请您尽力去做抚养孤儿这件困难的事，死这件事就交给我吧。"

正好，此时程婴的孩子也刚刚出生。为了混淆视听，程婴将赵夫人的孩子藏到了家中，将自己的孩子交给公孙杵臼。公孙杵臼抱着孩子藏到了一个非常隐秘的山洞里。依照计策，程婴找到了屠岸贾，并对他说："我知道赵家的儿子在哪里，我可以带你去找，不过你们要先给我一千金。"屠岸贾一听大喜，立刻给了程婴一千金，点齐人马，和程婴出发。程婴带着屠岸贾到了公孙杵臼藏身的山洞，公孙杵臼看到程婴，就大声骂道："程婴你这个小人，你和我说好了一起藏匿孤儿，你却出卖了我！纵然你无力抚养孤儿，又怎么忍心出卖朋友呢？"说完，公孙杵臼又抱着孩子大哭道："天哪天哪！这个孩子有什么罪？请你们放过他吧，只杀我公孙杵臼就可以了。"屠岸贾立马杀了公孙杵臼和婴儿，并且又大大奖赏了程婴，但这样一来，全晋国的人都认为程婴是一个忘恩负义的小人。程婴只得带着真正的孤儿隐居起来，在非常艰辛的环境下抚养孩子长大。

3.雪洗深冤，大仇得报

十五年后，晋景公突然生了重病。而屠岸贾把持朝政，倒行逆施，很多将领对他的行为非常不满。眼见国家危如累卵，景公不禁想起以前赵朔在世时，总会力挽狂澜，转危为安。如今，赵氏被奸臣灭门，国家再也找不出这样的忠臣了。看到国君如此感叹，韩厥偷偷觐见景公，并对景公说："陛下您不必担忧，赵家其实并未被灭门，他们唯一的血脉叫赵武，现在由程婴抚养。"晋景公一听大喜，赶快叫韩厥把孤儿带到宫中，并召见对屠岸贾有意见的将领。众人想到赵氏的仁厚，又想到屠岸贾的残暴，群情愤怒，都想为赵朔复仇。于是由程婴率领军队，进攻屠岸贾的府邸，很快将屠岸贾及其党羽全部擒获。赵家的孤儿赵武也继承了赵氏的官爵。就在此时，程婴却对赵武说："当年你家遭遇大难，我没有死，就是要将你抚养长大，替父报仇。今天这个愿望达到了，赵家也恢复了兴旺，我有脸去见赵朔和公孙杵臼了。"赵武哭着对程婴说："您怎么能忍心离我而去呢？"程婴说道："公孙杵臼把生的希望留给我，他自己选择了死，就是认为我能把你养育成人，今天事情办完了，我也该履行我之前的承诺了。"说完，程婴就自杀了。

程婴为兑现自己的承诺，不惜牺牲自己的孩子。程婴与公孙杵臼的故事之所以感人至深，就在于他们以诚信为处世之本，舍生践诺。赵家孤儿的故事，也被代代传诵。元代的著名剧作家纪君祥将这个故事改编成了一部戏剧，叫《赵氏孤儿》。

八、曾参：教子诚信

曾子（前505—前435），名参，字子舆，春秋末年鲁国南武城（今山东平邑）人，古代思想家，孔子的弟子之一，与其父曾点同师孔子。后世尊奉为"宗圣"。曾子的思想以孝恕忠信为核心，他的修齐治平的政治观，内省慎独的修养观，以孝为本的孝道观至今仍具有极其宝贵的社会意义。

曾子老实忠厚，有一天，孔子问曾子说："你能用一句话概括我的学问吗？"曾子说："可以。"曾子告别了孔子，有一个同学问他说："怎么用一句话概括老师的学问呢？"曾子回答："老师的学问无非是'忠和恕'两个字啊！"

"四书"之一的《大学》相传为曾子所著，《大学》提出了君子应当正心诚意。所谓诚意，就是不欺人，也不自欺。从这里也可以看出曾子对诚信的重视。在生活中，曾子也一丝不苟地践行诚信。一天，曾子的夫人要到集市上去，年幼的孩子闹着要去。曾子的夫人不愿意带孩子去，便对他说："你先回家去，等我从集市回来，给你杀猪吃。"曾子的夫人刚从集市上回来，曾子就开始准备杀猪。妻子阻止曾子说："我只不过在和小孩子开玩笑罢了，你怎么能当真呢？"曾子说："小孩子是不能和他开玩笑的，他们没有自己判断是非的能力，一切都要向父母学习。我们现在欺骗孩子，就是在教他欺骗别人。母亲欺骗了孩子，孩子不相信母亲。这不是用来教育孩子成为正人君子的方法。"于是曾子就杀猪煮肉给孩子吃。

南朝宋范晔《后汉书·第五伦传》中载："以身教者从，以言教者讼。"讲的是身教重于言教。诚实守信的品德是从日常生活的小事中慢慢培养起来的。父母是子女的第一任启蒙老师，父母的言行对子女的成长起很大的作用。所以有见识的家长在孩子面前必须处处以身作则。本故事中曾子用自己的行动教育孩子要言而有信，诚实待人，虽然杀了一头猪，眼前利益受损，但从教育子女的长远利益来看，大有好处。

九、商鞅：徙木立信

商鞅（前395—前338），姓公孙，名鞅，卫国人，因称卫鞅，战国时期政治家、思想家，法家代表人物。后至秦国为卿，因与魏国在河西之战中立功获封商於十五邑，号为商君，故称之为商鞅。商鞅变法使秦国成为富裕强大的国家，为秦后来统一天下奠定了坚实的基础。

1.徙木立信，取信于民

战国前期，秦国在政治、经济、文化等各方面远远落后于中原各诸侯国。秦孝公即位以后，决心图强改革，便下令招贤。商鞅原本是魏国丞相公叔座的门客，公叔座非常赏识他，临终前向魏王推荐商鞅。但魏王不以为意，没有重用商鞅。商鞅见魏国发展无望，又听说秦孝公在招贤，便从魏国来到秦国。商鞅来到秦国后，深得秦孝公信任。商鞅向秦孝公提出了废井田、重农桑、奖军功、统一度量、建立县制和实行连坐之法等一整套变法求新的发展策略。

在法令还尚未公布时，商鞅担心百姓不信任自己，于是在国都的集市南门竖起一根三丈高的木头，下令说谁能把木头搬到北门，就赏给他十金。百姓们感到奇怪，没人敢动手。商鞅又说："能搬过去的赏五十金。"有个人半信半疑地把木头搬到了北门，商鞅立刻下令给他五十金。商鞅"徙木立信"，让百姓确信国君能说到做到。随后，商鞅才颁布变法法令。

2.一视同仁，令行禁止

新法施行一年后，数以千计的秦国百姓跑到秦国国都控诉新法不便。此时太子也触犯了法律，商鞅说："新法不能顺利施行，就在于上层人士带头犯法。"按照法令，太子将受刑罚，但由于太子是国君的继承人，不能施以刑罚，商鞅便将太子的老师公子虔处以刑罚，将另一个老师公孙贾脸上刺了字，以示惩戒。第二天，消息传遍全国，国人严格遵守法令，真正做到了令行禁止。新法施行十余年，秦国出现路不拾遗、山无盗贼的太平景象，百姓勇于为国作战，不敢再行私斗，乡野城镇都治理得很好。这时，那些当初说新法不便的人，有些又来说新法好，商鞅说："这些人都是乱法的刁民！把他们全部驱逐到边疆去。"此后老百姓不敢再议论法令的是非了。又过了几年，商鞅见时机成熟，又进一步深入推行了新法，将秦国分为了三十一个县，并统一了度量衡。没过多久，太子的老师公子虔又触犯了法律，商鞅将他的鼻子割掉以示惩戒。商鞅变法后，秦国果然越来越富强。周天子打发使者送祭肉给秦孝公，封他为"方伯"，中原的诸侯国也纷纷向秦国道贺。与秦国争夺领土的魏国也不得不献出河西土地，把国都迁到大梁（今河南开封）。

西汉刘向《说苑·政理》中载："布令信而不食言。"说的就是（为政者）发布政令要讲信用，执行时决不食言。北宋王安石还专门写过一首题为《商鞅》的诗："自古驱民在信诚，一言为重百金轻。今人未可非商鞅，商鞅能令政必行。"此诗赞颂的就是商鞅以诚取信于民的为政之道。

十、平原君：重信轻色

赵胜（？—前251），赵国贵族，是赵惠文王的弟弟。他礼贤下士，门下食客众多，被封于东武（今山东诸城），号平原君。他多次在危急关头代表赵国出使别国，是赵国历史上至关重要的人物之一。平原君与魏国的信陵君魏无忌、楚国的春申君黄歇、齐国的孟尝君田文都以门客众多而著名，被称为"战国四公子"。

平原君是赵国贵族，家里有一座小楼，从楼上可以俯视老百姓家。一天，平原君非常宠爱的美人在楼上，正看到一个跛子蹒跚着脚步去打水，美人看到跛子狼狈的样子大笑起来。第二天，这个跛子登门拜访平原君，对平原君说："我听说您非常爱才，有很多人才会不远千里来投奔您。他们之所以愿意为您效力，是因为您以人才为重，以妻妾为轻的缘故。我天生不幸，腿脚不灵便。您的小妾竟然在楼上嘲笑我蹒跚打水的样子，您如此重视人才，能把嘲笑我的人杀掉吗？"平原君笑着答应。等到这人走后，平原君对手下说："这个人也太自不量力了，竟然因为我的美人嘲笑他，就要杀掉我的美人，这也太过分了。"最终，平原君没有杀死那位美人。

过了几年，平原君发现有很多自己门下的食客都渐渐离去。平原君非常奇怪，就对他的门客们说："我赵胜对待各位并没有什么失礼之处，各位为什么都离我而去呢？"有一位门客走上前说："因为您几年前答应要杀掉嘲笑跛子的美人，但您现在都没有兑现诺言。门客们都认为您重美色而轻人才，所以渐渐离开您。"平原君听完非常惭愧，立刻杀掉了那个美人。亲自将美人的头送到跛子家，并再三道歉。门客见平原君履行了自己的诺言，又渐渐回到了平原君手下。

俗语云："一言既出，驷马难追"，这句话告诉我们应该信守承诺。平原君答应了别人的事却没有做到，导致了自己的门客纷纷离去。这启示我们，在与别人相处时，应遵守承诺。如果言而无信，身边的朋友也会渐渐疏远我们。

十一、刘秀：信于敌寇

刘秀（前6—57），字文叔，南阳郡蔡阳（今湖北枣阳）人，东汉王朝的建立者。公元25年登基称帝，为表刘氏重兴之意，仍以"汉"为其国号，史称"东汉"。刘秀勤于国政，开拓创新，使东汉初年出现了社会安定、经济恢复、人口增长的局面，因刘秀谥号为光武，所以称此时期为光武中兴。

1.推心置腹，信降铜马

西汉末年，王莽称帝，天下大乱，各地农民纷纷起义。公元23

年，王莽被杀，新朝结束。刘玄建元更始，恢复汉朝国号，自称玄汉王朝。刘秀因战功卓著，被封为武信侯、破虏大将军，行大司马事；更始二年（24）四月，受封"萧王"。

公元24年秋，刘秀率兵在鄡（qiāo，今河北辛集）攻打铜马军，吴汉率领突击骑兵赶到清阳县与刘秀会合，铜马军多次进攻，刘秀加固营垒亲自守卫；有铜马军出去掳掠，刘秀就立即出击消灭，断绝他们的粮道。时间一长，铜马军粮食用尽，便趁着黑夜逃走了，刘秀率军追击，在馆陶县将他们击溃。受降铜马军的事宜还没有结束，在高湖军、重连军两处的贼人就从东南杀了过来，铜马贼部与高湖军、重连军合兵一处。刘秀又与他们在蒲阳山展开大战，大获全胜，并封他们的首领为列侯。

但那些投降的首领仍然感到不安，刘秀知道他们的想法，命令他们回归各自营寨集合部队，列队等待检阅。刘秀独自乘坐轻装战马考察巡行各部的阵列。投降的首领们纷纷议论说："萧王对我们推心置腹，我们怎么能不拼死效力呢？"从此以后，他们都对刘秀口服心服。刘秀将投降之人全部分配给众将，于是拥有了数十万人马，所以关西一带又称刘秀为"铜马帝"。

2.不计前嫌，厚封旧敌

更始三年（25）六月，刘秀即皇帝位，年号建武。七月，刘秀率领军队主力包围洛阳城（今河南洛阳白马寺东北）。由于更始军大司马朱鲔居洛阳城顽强反抗，汉军久攻不下。刘秀派朱鲔的原部下廷尉岑彭前去说服朱鲔。朱鲔站在城楼上，岑彭站在城楼下向朱鲔陈述利害得失。朱鲔说："大司徒刘演被害时，我曾经参与谋划，后来又劝刘玄不要派遣刘秀北伐。我确知自己罪孽深重，不敢投降。"岑彭返回，把这些话向刘秀禀报。刘秀说："做大事的人不计较小的怨恨。现在朱鲔如果投降，可保全官职和爵位，怎么会治罪呢？有黄河在此做证，我绝不食言！"岑彭又前去向朱鲔转告刘秀的话。朱鲔从城上垂下一条大绳子，说："如果你说的是真的，请攀缘绳子上城。"岑彭向前准备攀登，朱鲔看他确有诚意，就答应投降。九月，朱鲔把自己五花大绑，和岑彭一起到达河阳。刘秀亲手解下朱鲔身上的绳索，让岑彭连夜把他送回洛阳。第二天早晨，朱鲔和苏茂等带领全体官兵出城投降。刘秀任命朱鲔为平狄将军，并封他为扶沟侯。

北宋周敦颐《周子全书·诚下》中载："诚为五常之本，百行之源也。"诚信是五常（仁、义、礼、智、信）的基础，也是人的其他行为准则的根源。为人处事敞开心胸，以诚相见，不用言说就会得到信任。刘秀对归降之人给予极大的信任，尽管朱鲔参与了谋害刘秀的亲人一事，但刘秀许诺"若降，官爵可保，况诛罚乎"并说到做到，所以他能得到降臣的真心归附，这就是诚信的魅力。成语"推心置腹"就来源于"萧王推赤心置人腹中"，比喻真心待人。

十二、阚敞：信义还金

阚敞（生卒年不详），字子张，东汉汝南郡平舆（今河南平舆）人，曾任某郡守属官。其事迹首见于三国魏时期周斐所著的《汝南先贤传》（已佚），后在《艺文类聚》《北堂书钞》《太平御览》等也有收录。

阚敞，人品端正，诚信无私，在郡府里担任功曹（即辅佐治事的官）的时候，深得太守第五常的敬重，两人交情深厚，来往密切。

太守第五常被征召进京，路途遥远且时间仓促，携带太多的钱非常不方便。第五常临行时，就把自己积蓄的一百三十万钱寄存到阚敞那里。阚敞答应替他保管这笔财物，非常谨慎地把这些钱埋藏到自家厅堂下面。后来，第五常家里遭遇到了很大变故，家里人大多病死在京城，只留下了年仅九岁的孙子。第五常临终对孙子说："我来京城前，曾将三十万钱寄存在我的好朋友阚敞家，你如果需要，可以去找他要回。"等到第五常的孙子长大之后，便去阚敞家索要。阚敞见到第五常的孙子，悲喜交加，立刻取出第五常寄存在他家里的钱。第五常的孙子对阚敞说："我的祖父告诉我在您这里寄存了三十万钱，不是一百三十万。"阚敞说："那是您的祖父在重病之中记错了，就是一百三十万钱，您别再怀疑了"。就这样，阚敞把一百三十万钱全部归还给了第五常的孙子。

交友交心，待人以诚。《论语·阳货》中载："信则人任焉。"诚实守信就能得到别人的信赖和任用。太守第五常任职之际敢于将巨额财产交由阚敞保管，正是因为了解阚敞是一位信守诺言，真诚待人的君子。而阚敞也没有辜负友人的信任，如数归还了友人的巨额财产。

十三、范式：交友以信

范式（生卒年不详），字巨卿，又叫范泛，山阳（今山东金山）人，东汉名士，他为人诚信，待人以诚。因为他品德高尚，范晔在编写《后汉书》时，将他的事迹写入了《独行列传》。

1.鸡黍之约，千里如期

范式年轻时在太学学习。当时，范式与汝南人张劭是好朋友，两人经常在一起切磋学问，无话不说。在太学的日子很快就结束了，在分别的时候，范式对张劭说："两年之后，我一定到你家里看望你的母亲和孩子。"张劭说："那我们一言为定，如果你来看我，我一定杀鸡宰羊款待你。"两人说完，就各自上路了。

两年的时光很快过去了，这一天，张劭早早起了床。吩咐家人打扫院落，杀鸡宰羊，烹煮黍饭。张劭的母亲见状，非常奇怪，就问张劭说："你平常生活节俭，今天忽然杀鸡宰羊，难道是有朋友要来拜访吗？"张劭将他与范式的约定告诉了母亲，母亲听完，说："这已经两年过去了，你们相距千里，曾经的誓言恐怕不能实现了吧！"张劭说："范巨卿是一个守信用的人，一定不会违背我们的约定的。"说完，又去匆忙准备宴席了。

范式离开太学之后，辗转多地，最终在山东谋了一份工作，娶妻生子，生活安逸。有一天，范式忽然对妻子说："快为我准备行李,我要去汝南。"妻子感到很奇怪,就问范式要去汝南干什么,范式就将他与张劭的约定告诉了妻子,妻子听完笑道:"这怎么能算数呢,我看你还是别去了,免得最后失望而归。"范式摇头说道:"张劭是一个守信用的人,他一定会遵守诺言的。"说完,范式就背上行囊出发了。

这边,张劭经过一个早晨的忙碌,终于准备了一桌丰盛的酒菜。张劭看着酒菜已摆好,便整理衣冠,出门等待。眼看日上三竿,也不见范式的踪影。张劭的母亲心疼儿子,就对张劭说:"我看你的朋友是不来了,不如……"话刚说到一半,就听到銮铃叮当作响,范式骑着一匹白马飞驰而来。张劭一看,赶快将范式迎到院子里。老友久别,非常开心。范式拜见了张劭的母亲,和张劭一起喝酒,尽欢而散。

2.不负所托,为友送枢

范式在太学还认识了长沙的学子陈平子。不过二人只是普通朋友,谈不上有什么深厚的交情。陈平子素来体弱多病。眼看着陈平子的身体日渐虚弱,他的妻子非常着急,哭着说:"你如果去世了,谁来照顾我和孩子?又有谁能把你的灵枢送回老家安葬呢?"陈平子闻言,对他的妻子说:"我在太学时有一个同学名叫范式,他是一个义士,值得托付。我死之后,你就把我的灵枢抬到他家门口,他一定会帮助你的。"说完,陈平子就将一块帛撕开,在上面给范式写了一封信,向他托付后事。没过多久,陈平子果然离世。陈平子的妻子就按照丈夫的嘱咐,将丈夫的灵枢抬到了范式家门口。当时范式刚从外地游学回家,一进家门,就看见门口放着一口棺材。棺材旁边还有一位披麻戴孝的妇人正在哭泣。范式连忙上去问道："请问您为什么将灵柩停放在我家门口呢？"妇人哭着答道："我的丈夫叫陈平子，他因病去世了。他临死担心我无力料理丧事，就嘱咐我来找一个叫范式的人，说他会全力帮助我将丈夫的灵柩运回老家安葬。请问您是范式先生吗？"范式闻言，忙回答道："我就是范式。"妇人从怀里取出一封信，对范式说"我丈夫临死给您写了一封信，希望您能够帮助我。"范式读完信非常难过，忍不住哭了起来。随后便回屋收拾行李，准备亲自将陈平子的灵柩送回老家。范式护送着陈平子的妻儿到了临湘，距长沙只有几里路了。依照当时的风俗，如果范式将陈平子的灵柩护送到老家，陈平子的家人一定要准备厚礼感谢他。范式认为护送朋友的灵柩是理所应当的事，不必感谢。于是，范式将陈平子的信放在棺椁上，悄悄离开了。

《论语》云："贤贤易色，事父母能竭其力，事君能致其身，与朋友交，言而有信。虽曰未学，吾必谓之学矣。"可见诚信交友的重要性。范式能将与朋友的约定铭记在心，不远千里看望老友、归葬同窗，被后世传为佳话。

十四、太史慈：应约而还

太史慈（166—206），字子义，东莱黄县（今山东龙口）人。东汉末年名将，弓马熟练，箭法精良，官至建昌都尉。原为刘繇部下，后来被孙策收降，自此太史慈一直为孙氏效力，助其扫荡江东。

1.知恩图报，义救孔融

太史慈在郡里担任奏曹史时，与州牧发生争执。他害怕被州牧报复，就逃到辽东。北海相孔融早就听说太史慈是个奇才，多次派人探访他的母亲，并赠予她丰厚的礼物。当时正值黄巾军起义，孔融领兵平乱，在都昌（今江西九江）被黄巾军包围。此时，太史慈刚刚从辽东返乡，他的母亲对他说："你和北海相孔融认识吗？"太史慈说："不认识。"母亲说："你避难辽东的这段时间，孔融经常派人给我送来钱粮。现在孔融被黄巾军包围，你应该去救他。"太史慈遵从母亲的命令，只在家里住了三天，就出发营救孔融。因为找不到马匹，太史慈只得步行赶到都昌。趁着夜色，太史慈冲进了包围圈，见到了孔融。太史慈建议孔融主动出击，但孔融不听其言，只一心固守城池，等待外援。等了几天，还没有援兵到来，城内的粮食也渐渐耗尽，形势越来越危急。孔融无奈，便想派人杀出城去，向刘备求救。太史慈听说后，又自告奋勇出城求救。

孔融担心太史慈势单力孤出现危险，对他说："现在咱们被敌军包围，您虽然有勇气，但我担心您会出危险啊。"太史慈说："我在辽东的时候，家中无人照料。是您一直在替我照料老母亲，我们全家都非常感激您。我冲进包围圈来找您，就是为了对您有所帮助啊！现在大家都说不能出去，如果我也这么说，这实在有悖于老母派我前来的初衷。现在情况危急，请您不要迟疑！"孔融闻言，只得答应。

这天，天刚亮，太史慈骑马出城。外面包围的敌军大惊失色，纷纷拿起武器准备作战。没想到太史慈在城门口转了一圈，又回到了城中。第二天，太史慈故技重施。城外的敌军见状，都放松了警惕。第三天，太史慈又骑马出城，敌军已经不再注意他了。于是，他趁敌军放松警惕，冲出了包围圈。太史慈来到了刘备军中，对刘备说："我太史慈是东莱县的粗野之人，和孔融非亲非故。因为孔融品德高洁，我才愿意和他共患难。如今孔融被黄巾军包围，孤立无援，危在旦夕。因为听闻您有仁义的名声，能救人于危急之中。孔融因此才派我杀出重围，向您求救。"刘备听完，立即派了三千兵马跟随太史慈营救孔融。黄巾军听说援兵将至，便撤离了都昌。事后，孔融叹息说："幸亏有您帮忙，我才能免于战死啊！"从此以后，孔融与太史慈成为了莫逆之交。

2.一诺千金，应约而还

过了几年，孔融被杀。因为太史慈与扬州刺史刘繇同郡，就渡江去投奔刘繇，正赶上刘繇与孙策交战。因为太史慈出身低贱，刘繇并不重用他，只让太史慈巡逻。有一天，太史慈一个人在神亭巡逻，正好遇到孙策，当时孙策身边有十几个将领跟随。太史慈毫不畏惧，上前攻击，两人打成平手。由于刘繇不善用兵，最终败给了孙策。太史慈本来要和刘繇一起逃到豫章（今江西北部），可是刘繇却逃到了芜湖（今属安徽），躲在山中，自称丹阳太守。此时，孙策已经平定了宣城以东的地区，只有泾县（今属安徽）以西六个县没有归附。太史慈正驻扎在泾县，并在那里建屯立府，有许多山越之民来归附他。后来，孙策亲自来征讨，太史慈兵败被俘。孙策见到太史慈，立刻替他松绑，拉着他的手说："当今天下之事，我要和你一起来商讨。"太史慈说："我是败军之将，怎么能和您一起探讨国家大事呢？"孙策说："将军此话差矣，想当年，韩信俘虏了广武君李左车，就曾向他请教。现在我想请教将军治国安邦的方法，您又何必推辞呢？"太史慈见孙策如此诚恳，说："现在刘繇刚刚战败，很多士兵都分散各地，军心不稳。此时，如果您可以招降这些士兵，好好安抚，一定可以彻底消灭刘繇只是不知道这个方法是否符合您的心意。"孙策闻言，立刻派他担任门下督，封他为折冲中郎将，命令太史慈前去安抚这些士兵。太史慈临行，孙策在昌门为他送行，握着他的手道别，孙策问太史慈："您需要带多少兵马呢？"太史慈说："领兵不用太多，只要数十人就可以了。"又问："您估计多久可以回来？"太史慈回答："不超过六十天。"太史慈走后，孙策的部下都说："太史慈一定往北而去，不再回来。"孙策说："太史慈不但有胆识，而且是忠义之人，他绝对不会背信弃义。我看他的为人，重视名节，凡是他所承诺的事情，一定会办到。各位不必担心。"过了不到六十天，太史慈果然如约返回。在太史慈的帮助下，孙策很快平定了豫章郡。

《资治通鉴》有云："丈夫一言许人，千金不易。"意思是如果答应别人的事情，一定要做到，就是给千金也不违背诺言。太史慈为孙策安抚士卒，如约而还，这说明他是一个遵守承诺的君子。因此，当孙策的谋士担心太史慈一去不复返时，孙策才能力排众议，信任太史慈。

十五、诸葛亮：终身守信

诸葛亮（181—234），字孔明，号卧龙，徐州琅琊阳都（今山东沂南）人，三国时期蜀汉丞相，杰出的政治家、军事家。诸葛亮一生辅佐蜀汉政权，鞠躬尽瘁，死而后已，忠贞不二，是我国传统文化中智慧与忠诚的代表人物之一。

1.辅佐太子，死而后已

公元223年，蜀汉皇帝刘备因为在夷陵之战中被吴国打败，刘备羞愤难当，最终病倒在白帝城永安宫。刘备病危之际，将诸葛亮从成都召到身边，对诸葛亮说："您的才华胜过曹丕十倍，一定能成就大业。如果您觉得我的儿子值得辅佐，那就请您辅佐他。如果您认为他昏庸无能，那您可以取而代之。"诸葛亮听完痛哭流涕，跪在刘备床前说："臣一定会竭尽全力，辅佐少主。鞠躬尽瘁，死而后已。"自此之后，诸葛亮全心全意辅佐后主刘禅，实现了自己

"鞠躬尽瘁，死而后已"的诺言。

2.降服孟获，以信平乱

刘备去世后，益州豪强雍闿乘机起兵反叛。雍闿为了得到蜀国南方少数民族的支持，就拉拢孟获一起起兵。孟获也是蜀国南方的豪族，在少数民族中颇有威望。孟获游说各个少数民族，许多部落的酋长非常信任孟获，都答应与孟获一起起兵反蜀。诸葛亮听说孟获驻扎在南中，便亲自领兵平叛。诸葛亮离开成都时，参军马谡对诸葛亮说："用兵之道，在于使敌人心服口服。您只有使南方叛军信任，才能彻底平定叛乱。"诸葛亮说："谢谢您的计策，我一定会听从您的建议。"

诸葛亮很快平定了叛乱，将雍闿斩首，并俘虏了孟获。诸葛亮知道孟获在当地颇有威信，便想通过生擒使他归顺，从而收服民心。于是，诸葛亮领着孟获观看士兵布阵操练，对孟获说："您看我的军队如何？"孟获说："我以前不知道虚实，因此战败。今天您带我参观了您的军队，我知道了虚实，如果再交战，我一定能战胜。"诸葛亮听完大笑，对孟获说："您现在可以回去重新收拾兵马，只要您觉得不服气，我都会放你回去，我们重新较量。"诸葛亮说完，便释放了孟获。孟获又重新排兵布阵，与诸葛亮交战，结果又被诸葛亮俘虏。诸葛亮履行诺言，又释放了孟获。就这样，诸葛亮将孟获俘虏了七次，又释放了七次。最后，诸葛亮还要放走孟获，孟获跪下对诸葛亮说："您的威力如同天神一样，我孟获从此心悦诚服，再也不敢反叛了。"诸葛亮平定叛乱之后，依然任用少数民族的酋长管理这些地区。有人对诸葛亮说："他们一定会再反叛的。"诸葛亮说："第一，如果我留下其他官员管理这些地区，那一定还要留下一部分军队，这些军队的粮草供应也成问题。第二，这些叛军刚刚战败，如果留下我们的军队，一定会激化矛盾。第三，这些地方以少数民族为主，与我们有很大的文化差异。如果留下我们的人管理，一定难以获得信任。既然我已经让孟获心悦诚服，我相信南方也不会再有叛乱了。"最后，诸葛亮又将南方的一些豪族迁往成都，彻底解决了南方的叛乱问题。

3.诚信治军，大胜魏国

公元231年，魏明帝曹叡亲自到长安指挥军队征讨蜀国。曹叡命令张郃率领三十多万精兵向剑阁进发。剑阁是蜀汉的门户，对魏蜀两方都至关重要。诸葛亮也深知剑阁的重要性，带领二十万蜀军与魏军在剑阁对峙，形势非常紧张。蜀国虽占据天险，但粮草不足。为了缓解这种情况，诸葛亮将二十万大军分成两部分，以一百天为期限轮流把守，违反者按军法处置。

很快，一百天期限已到，诸葛亮正打算按照规定替换守军。谁知此时风云突变，魏军得到了从雍州、凉州派来的二十万援军，声威大震。诸葛亮手下的将领见到这种情况，建议诸葛亮暂且留下将要换班的士兵以壮声势。诸葛亮说："我听说行军打仗以诚信为本，晋文公宁可放弃攻打原国也不失信，可见古人将诚信看作行军打仗的根本。那些将要被替换的军士都已经准备回家，他们的妻子儿女一定期盼他们早日归来，如果我现在违背诺言，这些将士们还怎么相信我呢？各位赶快下令让军队换防。"士兵们听到诸葛亮的这番话，非常感动，那些将被替换的士兵也纷纷表示愿意留下来抵御魏军。到了决战的时候，士兵都以一当十，英勇奋战，蜀军士气大振。魏军抵挡不住，只得撤退。魏军撤退后，诸葛亮出城犒赏军队，特别奖励了那些放弃回乡的士兵，蜀军上下一片欢腾。

《臣轨》有云："虽有仁智，必以诚信为本。"诸葛亮可以称得上仁智之人，他用兵打仗，不违背诺言。孔子的学生子贡问孔子怎样治理政事，孔子回答："足食，足兵，民信之矣。"所谓"民信"指的就是获得百姓的信任。诸葛亮履行诺言，一连七次释放孟获，最终使孟获心悦诚服。诸葛亮以诚治军，最终大败魏国，靠的就是军士的信任。正是因为诸葛亮恪守诚信，言出必行，才得到了百姓的信任。

十六、元方：小儿识信

陈纪（129—199），字元方，颍川许昌（今河南许昌）人，陈寔（shí）之子。陈纪与弟陈谌在乡里都以孝顺父母著称。与父亲陈寔和弟弟陈谌在当时并称为"三君"。后遭遇党锢之祸，辞官回家，发愤著书，书名《陈子》。

陈纪的父亲陈寔，曾任太丘县令，故又称陈太丘，他是东汉时期的名士，以操守严正、清高有德行而闻名于世，威望极高。他处事公正，老百姓甚至说："宁为刑罚所加，不为陈君所短。"意思是宁可接受刑罚，也不愿意被陈君批评。

陈纪七岁的时候，有一天，父亲陈太丘跟一位朋友约定一同出门，约好正午的时候碰头。正午过后，还不见那位朋友来，陈太丘不再等候就离开了。父亲走后其友才来，陈纪当时正在门外玩耍，父亲陈太丘的朋友便问陈纪："你父亲在家吗？"陈纪答道："等您好久都不来，他已经走了。"友人听后便发起脾气来，骂道："真不是人啊！跟别人相约出行，却把别人丢下，自个儿走了！"陈纪说："您跟我父亲约好正午一同出发，您正午的时候还没到，是您不讲信用；在人家儿子面前骂他的父亲，就是没有礼貌。"友人顿时感到尴尬惭愧，便从车里下来，想拉陈纪的手，却不想陈纪连头也不回地进了自家大门。

七岁的陈纪也懂得交友以信的道理，体现出了崇尚待人以诚的观念，《论语·为政》中载："人而无信，不知其可也。大车无輗，小车无軏，其何以行之哉？""輗"和"軏"都是车的关键组成部分，这句话的意思是："如果一个人没有诚信，就好像大车没有輗，小车没有軏。没有"輗"和"軏"，车怎么能行走呢？"人没有诚信，就不能立于世间，信是一个人立身行事的根本。《论语·学而》又云："与朋友交，言而有信。"这告诉我们，人与人交往，一定要守信用。像陈太丘的这位朋友，自己言而无信，失了约不自我反省，反而责怪别人，他被友人抛弃，被孩童数落，实在是咎由自取。

十七、孟信：不卖病牛

孟信（生卒年不详），字修仁，广川（今河北衡水冀州区）人。从小家境贫寒，但一心向学，以博学出名。北魏孝武帝永熙年间（532—534），孟信入朝做官，官至朝奉请。

1.爱民如子，不取分毫

孝武帝时，孟信官至赵平太守。他宽容仁慈，爱民如子，深得老百姓的拥戴。有一天，一个山里的老人来看望孟信，给他带来了野猪和美酒。孟信非常开心，询问老人的身体与家人情况。到了午饭的时候，孟信自己拿出一壶酒，放在铁盆里温热。又拿出了一盘用芜菁做的羹，当作午餐。他又给老人拿了一个铁盆，让他自己温酒喝。老人非常奇怪，就问孟信说："您为什么不喝我给您带的酒呢？是不是嫌弃我们穷人的酒不好呀？"孟信一听大笑，对老人说："您误会了啊！我到了本郡，从未有人想到给我送东西。您给我送了这么多好东西，我非常感激。我经常吃菜，今天您给我送来了这么好吃的猪肉，我也不能辜负您的好意，我就收下一条猪腿吧！但我这里有酒，就不劳您破费了。"老人一听，非常感动，就把野猪腿送给了孟信。孟信和老人把酒言欢，直到晚上才将老人送走。

2.诚信做人，不卖病牛

孟信辞官后，家里很贫困，难以度日。孟信家中只有一头病牛，这头牛不能耕田，没什么用处。他的侄子就打算将牛卖掉换些柴米，以供生活。他的侄子与买牛人已经写好买卖券契，按照当时的交易规则，卖主的住址应该写在券契里。孟信之前并不知道牛已经卖了，当他从外回来时，正巧碰到了买牛人，才知道这件事。于是便对买者说："这头牛本来有病，不能劳作，您买回家去，没有什么用处。我不能将这头没用的病牛卖给您啊！"得知牛是被侄子卖掉后，孟信当着买牛者的面将其侄子斥责一顿，并打了二十杖，以示惩罚。买者见此情景，深觉奇异，赞叹很久，对孟信说："孟公，我就买您的这头牛，病也不要紧，不需要这头牛出多大力气。"面对买主的苦苦请求，孟信还是不答应，买牛人只得放弃。买牛人是北周文帝的手下，将这件事告诉了周文帝。文帝认为孟信是一个讲诚信的君子，就征召孟信做了太子少师。

不卖病牛，不欺诈别人，不损人利己，这是非常令人尊敬的高尚品德。古人云"治家而无信，不可行于家；治国而无信，则不可行于国"，意思是：管理家庭没有诚信，则自己的命令在家里行不通。治国如果没有诚信，政令在国内也行不通。诚信是我们为人处世的基本原则，只有诚信待人，才能得到别人的尊重。孟信宁可穷困，也不欺骗别人，这正是诚信的体现。

十八、王罴：诚信感军民

王罴（？—541），字熊罴，京兆霸城（今陕西临潼）人，是南北朝时期北魏名将。王罴早年任雍州别驾、荆州刺史，北魏分裂后，归顺西魏，成为宇文泰手下的得力助手，被宇文泰任命为开府仪同三司。王罴处事刚正不阿，对人诚信不欺，深得百姓喜爱。

1.不愿徇私，拒绝高官

北魏太和年间（477—499），王罴被任命为殿中将军。正赶上境内的羌族反叛，北魏军队接连失败，士气低沉。孝文帝为了尽快平叛，就派王罴率领兵前往。王罴很快平定了叛乱，因为平叛有功，孝文帝封王罴为右将军，西河内史。王罴坚决推辞，不肯接受。王罴的家人对他说："西河土地肥沃，物产丰饶，是国家最重要的地区之一。如今您出任西河内史，必定会得到文帝的优厚赏赐，您为什么要推辞呢？"王罴说："营建京城的木材，多从西河运送而来。当今皇亲国戚营建宅第时，都要使用木材。因此，必然会有很多高官找我帮忙。如果我给他们提供营建都城的木材，这便超出了我的职权范围。如果我私底下去民间征收木材，又违背了国家的法律，这两件事都是我不愿意做的啊！因此，我拒绝了河西内史的美差。"

2.诚实不欺，信感军民

北魏分裂为西魏和东魏，王罴成为了西魏宇文泰手下的将军。

宇文泰非常器重王罴，命令他驻守华州（今属陕西）。当时，华州是西魏与东魏交战的前线。王罴带兵与东魏军队在河桥交战，接连受挫。此时，又传来长安被叛军占领的消息。王罴的手下建议说："如今我们正在和东魏交战，如果此时让城中军民知道长安城被占领，一定人心惶惶，我们不如先封锁消息。"王罴说："城中的百姓军士和我一起抵抗敌军，舍生忘死。现在形势如此严峻，我怎么能隐瞒实情，欺骗我的手下呢？"于是，王罴将华州城门全部打开，并将城中军民聚集在一起，对他们说："各位和我出生入死，一起坚守城池，我非常感激。因此，我也不会对各位有所隐瞒。现在长安城被叛军占据，不知吉凶。但当今天子委派我在这里守城，我会以死报答天子的恩德。如果有人想投降，可以现在就来将我杀掉。如果有人害怕城池陷落，也可以出城逃走。如果和我同心，可以留下与我一同守城。"城里的军民说："将军对我们如此诚信，我们怎么会有二心呢？"于是纷纷留下与王罴一起坚守华州。

王罴为人诚实守信，为了遵守法律，宁可放弃高官。在危机时刻，能够开诚布公，告知下属实情。古人云："与人以实，虽疏必密；与人为虚，虽戚必疏。"大意是：如果诚实待人，就算与你关系较远的人也会信任你；如果虚伪待人，即便是你的亲戚，和你的关系也会越来越远。王罴与华州城的军民非亲非故，正是因为王罴的诚实，才得到了大家的拥戴与支持。

十九、鲁宗道：实话实说

鲁宗道（966—1029），字贯之，亳州（今属安徽）人，北宋著名谏臣。举进士，后为濠州定远尉，继任海盐县令，后改任歙州军事判官，迁秘书丞。天禧元年（1017）为右正言谏章。官至吏部侍郎、参知政事。

1.实话实说，表里如一

鲁宗道为人正直，疾恶如仇，敢于直言。宋真宗时，担任太子右谕德。有一次，鲁宗道到酒店喝酒，正赶上真宗有急事召鲁宗道入宫。宋真宗的使者在鲁宗道家等了很久，他才从酒店回到家。使者通知他后，要先回宫，就与他商量说："如果皇上怪罪你来晚了，应该找什么理由来回答呢？"鲁宗道说："实话告诉皇上就行。"使者说："如果说实话，你就会受到皇上的惩罚。"鲁宗道说："喝酒是人之常情，而欺骗君王才是做臣子的大罪啊！"使者回到宫中，真宗果真问使者为什么鲁宗道姗姗来迟，使者就将实情告诉了皇上。皇帝责问鲁宗道，鲁宗道向皇上谢罪说："有老朋友从家乡来，我家穷得没有杯盘，所以只能到酒店去喝酒。"真宗非常赏识鲁宗道的诚实，并重用鲁宗道。

2.不畏权势，主持正义

宋真宗去世后，仁宗继位。因为仁宗年幼，章献太后刘娥垂帘听政，权势很大，渐渐有了取代仁宗称帝的想法。很多大臣为了讨好太后，就上书劝太后应像武则天一样，建立自己的家庙。太后问辅臣们，大家都不敢回答。只有鲁宗道反对，他对太后说："依照礼制，只有一国之君有资格建立自己的家庙。如果有功之臣想建家庙，需要得到皇上的批准。您既不是一国之君，又没有得到皇上的批准，怎么能建立家庙呢？如果您建立了家庙，您要将以后继位的国君放在什么位置呢？"太后听完，就打消了修建家庙的念头。

有一天，宋仁宗与章献太后准备一起去慈孝寺。为了体现自己的地位，太后想将自己的辇车安排在仁宗前面。鲁宗道见状，对太后说："妇人在丈夫死后，应当跟从自己的儿子。如今将您辇车安排在前面，不符合礼法，请您将您的辇车安排到皇上后面。"太后听完，赶快将自己的辇车放到了仁宗后面。鲁宗道刚正不阿，当时很多权贵都怕他，因其姓鲁，且秉性耿直，故被称为"鱼头参政"。

西汉刘向《说苑·谈丛》中载："巧伪不如拙诚。"再怎么巧妙的掩饰都比不上笨拙的诚实靠谱。纵观历史，不论哪朝哪代，敢说真话实话的人多了，特别是官员不欺下瞒上、求真务实，国家就治理得好；反之，以弄虚作假为荣，大话、谎话成风，国家就必然遭殃。鲁宗道内不欺己，外不欺人，敢说实话、讲真话，因而受到重用。宋仁宗重用敢于说实话的大臣，因而有"仁宗盛治"。

二十、晏殊：抱诚守真

晏殊（991—1055），字同叔，抚州临川（今属江西）人，去世后封临淄公，谥号元献，世称晏元献，北宋著名文学家、政治家，累官至右谏议大夫、兵部尚书。

1.年少德高，诚信不欺

晏殊从小聪明好学，七岁的时候便能写文章，有"神童"之称。宋真宗景德元年（1004），江南安抚张知白将晏殊以神童的身份推荐给了朝廷。第二年，年仅十四岁的晏殊和来自各地的数千名考生同时参加由宋真宗亲自主持的殿前问答考试。晏殊拿到试题之后，便上奏说道："这个题目我早已写过了，文稿现在还保存着，希望皇上能换一个题目。"他的真诚与才华受到真宗的赞赏，真宗准备让晏殊留在秘阁继续深造。宰相寇准说道："晏殊是外地人。"皇帝反问道："唐朝名相张九龄（唐朝开元年间名相，自幼天资聪慧，才智过人，五六岁便能吟诗作对，时人称神童）难道不是外地人吗？"晏殊学习勤奋，交友慎重。没过多久，真宗又提拔晏殊任太常寺奉礼郎。

2.直言不讳，坦诚第一

晏殊后来在文馆就职，当时天下太平，皇上允许臣下选址宴饮。于是下级官员和文馆里的士大夫们都相互宴请，以至于市场上的酒楼和路边的小酒店都成为游玩和休息的地方。晏殊当时很贫穷，没钱宴请别人，独居家中，只与兄弟研讨学习。有一天，皇上要给太子选择老师，大臣们纷纷推荐自己认为合适的人选。由于晏殊平日里很少和大家聚会，因此，很少有人推荐晏殊。但是，真宗却认为晏殊最为合适，就任命他当太子的老师。很多大臣不理解，第二天又去问真宗，真宗对大臣们说："我听说现在大臣们都通宵达旦地相互宴请和嬉游，唯独晏殊和他的兄弟在家中读书，像这样谨慎厚道的人，正可以当太子的老师。"晏殊上任后，有了见皇上的机会。皇上当面告诉晏殊选他为太子老师的理由，晏殊回答说："我不是不喜欢宴请游嬉，确实是太穷没有宴请别人的钱。"真宗问道："如果我赏你一大笔钱，你会怎么样呢？"晏殊说："臣也不敢保证一定可以洁身自好。"皇上更加地喜欢他的诚实，并将教育太子的重任托付给他。仁宗登位后，晏殊得以大用，累官至宰相。

《荀子》云："诚者，君子之所守，政事之本也。"意思是：诚信是君子必须要遵守的品德，也是执政的根本。诚信是君子立身的根本，晏殊遇到见过的考题，能够请求皇帝将其更换。遇到皇帝询问时，也能实话实说，可见晏殊是一个诚实的君子。也正因为如此，他才能得到真宗的赏识重用。

二十一、曾叔卿：心存不欺

曾叔卿（生卒年不详），北宋建昌南丰（今江西抚州）人，是曾巩的族兄。官至著作郎，为人诚信善良，在乡里名望很高，在熙宁年间（1068—1077）去世。因为品德高尚，他的事迹被写入《宋史》中。

曾叔卿早年非常清贫，以贩卖陶器为生。因为南方陶器价格便宜，他总在南方购买陶器，去北方卖。有一次，他在西江买了一批陶器，打算卖到北方。正准备出发，却传来了北方闹饥荒的消息。曾叔卿认为北方既然在闹饥荒，一定没有人买陶器。因此，临时取消了行程。为了弥补损失，曾叔卿打算将陶器便宜卖掉。有一个陶器商人听说，便找到曾叔卿打算买下这批陶器。交易完成后，曾叔卿问商人："您打算将这批陶器带到哪里去卖呢？"商人说："我打算像您一样，把这些陶器卖到北方。"曾叔卿说："您千万别去北方。我听说北方现在正在闹灾荒，一定没有人愿意买这些陶器，我就是因为这个原因打消了去北方的念头。我怎么能眼睁睁地看您误入歧途呢？我这就把钱还给您，请您把陶器还给我吧。"商人听后大为感动，对曾叔卿说："像您这样的诚实君子，真是世间少有啊！"

古人云："信之行于人，譬济之须舟也。信之于行，犹舟之待楫也。"意思是诚信对于人来说，就像过河需要划船；对于行为来说，就像划船需要船桨一样。曾叔卿虽然清贫，但仍然将北方饥荒的事情告知他人，体现了他的高尚品格。后人将曾叔卿的事迹收入《宋史·卓行传》中，既肯定了他的品格，更提醒我们诚信待人是立身之本，每个人都应恪守诚信。

二十二、刘庭式：守信娶盲女

刘庭式（生卒年不详），字得之，北宋齐州（今山东济南）人，举进士。累官至殿中丞、密州通判。元丰（1078—1085）中，以朝议郎提举太平观，终老于庐山。

刘庭式是位懂得礼仪的人，在未考中进士之时，家里就已经商议好让刘庭式娶一个同乡的女儿，于是两家人定好婚约，但是刘家尚未送聘礼到女方家定亲（按古代的礼制，这种情况并不能算订婚）。后来，刘庭式考中了进士，而与他定有婚约的那名女子却因患病而双目失明，成为盲女。由于女子家境非常贫穷，所以就不敢再向刘庭式提起双方的婚约。但刘庭式丝毫没有想过要背弃这个婚约，愿意如约迎娶这位盲女。有人劝刘庭式可以娶那家人的小女儿为妻。刘庭式笑着说："我的心已经属于她了，虽然她双目失明，我岂又能因此辜负当初的心意呢？"最终还是娶了盲女为妻。婚后，刘庭式和盲女十分恩爱，两人育有几个儿女。在调任密州（今山东诸城）通判后，他还把盲妻接到了任所。后来，盲女在密州去世，刘庭式十分悲伤，哀痛之情经年不减，一直不肯再娶。

李白在《酬崔五郎中》一诗中写道："海岳尚可倾，吐诺终不移。"意思是大海和山岳都能够改变，但自己许下的诺言却不能改变。刘庭式遵守诺言，不辜负盲女，做到了"吐诺终不移"。

二十三、陶四翁：诚信不欺

施德操（生卒年不详），字彦执，海宁（今属浙江）人。南宋高宗时人，为人刚正不阿，世称持正先生。他精研《孟子》，著有《孟子发题》。本故事选自他写的《北窗炙輠录》。

宋朝名人陶禹锡的高祖父陶四翁是个开染布店的商人，染布业是一个非常容易造假的行业，使用的是劣质的材料还是优质的材料从表面上很难分辨，只有布匹经过多次水洗或者曝晒才能看得出。但陶四翁做生意非常讲诚信，从来不售卖假货，因此，他在业内的名声非常好。一天，一个小贩推着一车染布用的紫草来到四翁门前。四翁一见是紫草，就叫住这个人，问他："请问您的紫草是卖的吗？"小贩说："是的，我的紫草物美价廉，这一车只要四百钱。"四翁一听这么便宜，不免有点疑惑，就对小贩说道："那您可以让我好好看一下这些紫草吗？"小贩说："当然可以，您随便看吧。"四翁反复检查这批紫草，感觉这些草非常结实，看起来不像假货。于是，就花了四百钱买下了这一车草。

过了几天，又有一个来买布匹的商人到四翁的店里买布，正好看到了这批紫草。就对四翁说："您这批紫草是哪里来的？"四翁说："是我前两天买来的。"商人对四翁说："如果我没有看错，您这批紫草应该并不是最上等的材料。"四翁一听，连忙给商人倒了一杯茶，恭恭敬敬地说道："愿闻其详。"商人说："我经常在别的地方做买卖，最近出现了一种假紫草。这种假草与真的紫草非常像，也有一定的染色功能。只是这种草染出的颜色不能保持很久，经过多次水洗就会掉色。如果您不相信，您可以染一匹布试一下。"四翁听完，赶快拿了一匹布做实验。果然，在用水洗了几次后，颜色褪得非常厉害。四翁还不放心，就又将商人带到库房，让他去验新买的紫草。商人一看，就对四翁说："没错，这一定是假紫草！"

陶四翁听完，非常气馁，正在思忖对策。商人对四翁说："您要不把这批紫草给我好了，我帮您低价卖出去，这样您还能赚一点钱，也不会损害您的名声。"四翁听完，说："我已经受损了，又怎么能去耽误别人呢？您的这个建议我实在不能接受！"送走了商人，四翁彻夜难眠。他想，这批假的紫草价格这么便宜，一定会有其他的商家上当。我必须要做点什么。第二天，全城的布匹商人都收到了四翁的邀请，请他们中午到四翁的染布店中。因为四翁在当地名望很高，不到中午，大家都到齐了。四翁命人推出这一车假紫草，对众人说："各位同行，我前些天贪图便宜，买了一批假的紫草。这些假紫草虽然也可以染色，但经过几次水洗，颜色就会褪掉。把大家召集在这里，就是想提醒大家注意分辨，不要再上当。另外，我们做生意的人最重要的就是诚信。在这里，我也恳请大家，不要使用这种假的染料欺骗老百姓。"说完，四翁点燃了火把，将这一车假紫草全部烧掉。四翁的举动在市场上引起轰动，大家都称赞四翁的诚信与公正。

陶四翁拒绝了低价出售假紫草的建议，并当着众人的面烧毁了假紫草，这体现了陶四翁的正直与诚实。古人云"自谋不诚，则欺心而弃己；与人不诚，则丧德而增怨"，陶四翁内不欺己，外不欺人，因此得到别人的认可与尊敬。"买卖长存管鲍风，经商不教陶朱富"，这句对联是送给商户开业用的喜庆对联。这副对联用了"管鲍之交"与"陶朱经商"的故事，提醒我们不应唯利是图。中国人自古做生意就将"货真价实""童叟无欺"奉为圭臬，这一副对联实际上也点明了诚信是立身创业之本。

二十四、宋濂：言行一致

宋濂（1310—1381），初名寿，字景濂，号潜溪，别号龙门子、玄真遁叟等，祖籍金华潜溪（今浙江义乌），后迁居金华浦江（今属浙江）。明初著名政治家、文学家，与高启、刘基并称为"明初诗文三大家"，被明太祖朱元璋誉为"开国文臣之首"，学者称其为太史公、宋龙门。明武宗时追谥文宪，故称"宋文宪"。

宋濂以散文创作闻名，曾主修《元史》，累官至翰林院学士承旨、知制诰。

1.寒夜抄书，信守约定

宋濂自幼多病，且家境贫寒，但他聪敏好学。六岁时入小学，一日便读完唐人李瀚编著的《蒙求》。九岁能作诗，人称"神童"。十五岁时，张继之听说宋濂记忆力超群，邀请他到自己家中，问多久可通背四书经传，宋濂说只需一周。张继之不信，随机抽取文章要求宋濂背诵，宋濂都能一字不漏地背出。张继之大为惊异，对宋濂的父亲说："这个孩子天分非凡，应当让他随名师学习。"后来宋濂受业于当时的著名学者梦吉、吴莱、柳贯、黄溍等人。元末辞官回家，修道著书。明初时受朱元璋礼聘，被尊为"五经"师，为太子朱标讲经。

宋濂告老还乡的第二年（1378），应诏从家乡到应天（今江苏南京）去朝见皇上，同乡晚辈马君则前来拜访，宋濂写了《送东阳马生序》，介绍自己的学习经历和学习态度，勉励他勤奋学习。

宋濂在《序》中讲到，他年幼时因家中贫穷，没钱买书。于是常向有藏书的人家借阅，每次借书，都会先约定日期，在约定的时间内亲手抄录完，及时送还。天气酷寒时，砚池中的水冻成了坚冰，手指不能屈伸，他仍读书不辍。抄写完后，赶快送还人家，不敢超过约定的期限。宋濂每次都会按时还书，从不违约，因此人们都愿意将书借给他。所以，他可以博览群书。

宋濂诚恳守信，虚心好学，终成一代大家。他借书抄书的习性一直没有改变：不易购得的书或者是珍贵的藏书还是需要借阅，抄写的同时还能增加理解、修养心性，还可以书会友，好处颇多。因此，他一生不停地抄书，与书结下不解之缘，其藏书楼"青萝山房"（又名"萝山书室"），藏书八万余卷，其中有不少是他的手抄本，开明朝私家藏书之风。

2.实话实说，众口交赞

有一天，宋濂宴请好友吃饭。朱元璋听说后，就想探听一下宋濂在酒席上会说些什么话，于是就派人秘密偷听。第二天上朝，朱元璋把宋濂叫到身边，问他："爱卿昨天喝酒了吗？"宋濂据实回答："是的，昨晚臣确实喝了酒。"朱元璋又问道："你请了几位客人呢？请他们吃了什么菜肴呢？"宋濂也都据实回答。朱元璋听完大笑说："爱卿果然没有骗我，你是一个诚实的人！"

又有一次，朱元璋召见宋濂，希望他能评价一下当朝大臣孰优孰劣。宋濂只举出了与他熟悉的几个大臣的名字，对其他人不妄加评论。朱元璋非常不满，对他说："难道你只替你的朋友说好话吗？"宋濂回答说："臣列举的这些人都是与我非常熟悉的人，我对他们的品行性格比较了解，因此才敢在陛下面前评论是非。其他的人我并不十分了解，因此也不敢在陛下面前信口开河。"朱元璋听后，感叹说："宋濂真是一个诚实的人啊！"过了几天，主事官茹太素尚书指摘朱元璋的过失。朱元璋大怒，在朝堂上指着奏章说："这简直是诽谤君王，属于大不敬，应该杀掉他。"因为朱元璋龙颜大怒，其他的大臣都不敢有异议。此时，宋濂上书说："他是尽忠于陛下啊。您刚刚下令广开言路，怎么能因为大臣进言就重责他呢？"朱元璋听罢，又重看了奏章，果然发现里面有很多可取之处。因此，朱元璋召来了所有的大臣，对他们说："我听说人也可以分为不同的等级，最高等级的是圣人，其次是贤人，再次是君子。宋濂在我身边做事十九年了，从来没有说过一句假话，也没有诽谤过一位同僚。宋濂不单单是一个君子，应该可以算得上是一个贤人了啊！"

《礼记》有云："儒有不宝金玉，而以忠信为宝。"意思是说，对于读书人来说，忠信是最重要的品德。《论语》云："吾日三省吾身，为人谋而不忠乎？与朋友交而不信乎？传不习乎？"这就是说，君子每天都要反省自己。而反省的最重要的一个内容就是是否诚信待人。宋濂诚信待人做事，因此被赞为君子贤人。

二十五、济阴贾人：许金不酬

刘基（1311—1375），字伯温，浙江青田县（今浙江文成）人，世称刘诚意、刘文成、文成公。元末明初军事家、政治家及诗人。他辅佐朱元璋完成帝业，尽力保持国家的安定，被后人比为"诸葛武侯"。在文学史上，刘基与宋濂、高启并称"明初诗文三大家"。《郁离子》一书集中反映了刘伯温治国安民的主张，也体现了他的哲学思想、经济思想、文学成就、道德为人等。《郁离子》中记载了很多与诚信有关的故事，以下故事选自《郁离子》。

济阴有位商人，渡河的时候船沉了，危急中只好伏在河中漂着的木头上呼救。一位渔夫听到呼救，连忙驾着小船去救他，不等船划到跟前，商人就急忙大喊："我是济阴的富商，如果你能救我，我送给你一百两银子。"渔夫把他载到岸上去以后，他却只给了渔夫十两银子。渔夫问他："我救你的时候你亲口说要给我一百两银子，可是现在只给十两，你怎么能出尔反尔呢？"商人马上变了脸说："你是一个渔夫，一天能有多少收入？现在一下子得了十两银子，还不满足吗？"渔夫很不高兴地走开了。过了些日子，这位商人坐船沿着吕梁河东下，船撞在礁石上又沉了，而那位渔夫刚好也在他沉船的地方。有人见渔夫没动，便问他："你怎么不去救他？"渔夫轻蔑地回答说："这是那位答应给我百两银子却又说话不算数的人。"

《论语·为政》有云："人而无信，不知其可也。"人要是失去了信用或不讲信用，不知道他还能做什么。《礼记·表记》中载"口惠而实不至，怨灾及其身"，意思是只在口头上许诺别人以恩惠，而实际上做不到，怨恨和灾祸就会临头。宋代袁采的《袁氏世范·处己》中载有"有所许诺，纤毫必偿"，意思是答应给别人的东西，一丝一毫都不能减少。答应别人的事，就一定要兑现承诺。言而无信，必失信于人。"济阴之贾人"，两次翻船而遇同一渔夫是偶然，但商人因不守承诺而被水淹死却在意料之中。就是因为不信守承诺，口惠而实不至，最终丢了性命。所以，失信于人者，一旦处于困境，便没有人再愿意出手相救，只能坐以待毙。

后　记

　　加强中华优秀传统文化教育，是构建中华优秀传统文化传承体系，推动文化传承创新的重要途径。当今世界，文化在综合国力竞争中的地位和作用更加凸显，越来越成为民族凝聚力和创造力的重要源泉，博大精深的中华优秀传统文化是我们在世界文化的激荡中站稳脚跟的根基。党的十八大以来，习近平总书记在一系列讲话中深刻阐述了中华优秀传统文化在中华民族发展中的重大历史作用、深刻内涵和深远影响。加强中华优秀传统文化教育，是一项长期而艰巨的重大历史任务，在广大青少年中加强中华优秀传统文化教育，更加具有长远的战略意义和重要的时代意义。青少年学生是祖国的未来、民族的希望，加强对青少年学生的中华优秀传统文化教育，对于培养中华优秀传统文化的继承者和弘扬者，推动文化传承创新，建设社会主义先进文化，推进社会主义核心价值观建设具有凝魂聚气、强基固本的重要作用。

中华优秀传统文化是中华民族语言习惯、文化传统、思想观念、情感认同的集中体现，凝聚着中华民族普遍认同和广泛接受的道德规范、思想品格和价值取向，具有极为丰富的思想内涵，凝聚着中华民族自强不息的精神追求和历久弥新的精神财富，是发展社会主义先进文化的深厚基础，建设中华民族共有精神家园的重要支撑，凝聚了千百年来中华民族的生活经验、生存智慧，融入了中华民族的血脉，包含着中华民族最强大的精神基因。习近平总书记指出："要认真汲取中华优秀传统文化的思想精华和道德精髓，大力弘扬以爱国主义为核心的民族精神和以改革创新为核心的时代精神，深入挖掘和阐发中华优秀传统文化讲仁爱、重民本、守诚信、崇正义、尚和合、求大同的时代价值，使中华优秀传统文化成为涵养社会主义核心价值观的重要源泉。"加强对青少年学生的中华优秀传统文化教育，要以弘扬爱国主义精神为核心，以家国情怀教育、社会关爱教育和人格修养教育为重点，着力完善青少年学生的道德品质，培育理想人格，提升政治素养。

《中华优秀传统文化教育读本》是我主持的中宣部文化名家暨"四个一批"人才自主选题资助项目"中华优秀传统文化教育研究"课题的研究成果，本课题于2014年批准立项，我任课题主持人，课题组先后在北京、山东曲阜孔子诞生地尼山、浙江杭州、陕西延安召开中华优秀传统文化学术交流会，邀请知名专家、教授深入开展中华优秀传统文化教育研究，为中华优秀传统文化教育提供理论和学术研究支撑，组织编写中华优秀传统文化教育读本。开展中华优秀传统文化教育研究的主要内容，重点围绕习近平总书记提出的"讲仁爱、重民本、守诚信、崇正义、尚和合、求大同"展开阐述研究。《中华优秀传统文化教育读本》内容包括仁爱、民本、诚信、正义、和合、大同六大方面，由我任总主编，各分册编写者分别为：《仁爱：中华文化的核心力量》由韩星教授主编；《民本：中华文化的价值追求》由高伟教授主编；《诚信：中华文化的做人准则》由党怀兴教授主编，刘影、贾红、谢佳伟、任健行参加编写；《正义：中华文化的道德原则》由雷原教授主编，赵易参加编写；《和合：中华文化的独特品质》由王永智教授主编；《大同：中华文化的社会理想》由于建福教授主编，于超参加编写。

《中华优秀传统文化教育读本》分为三部分编写。第一部分：理论概述。从理论和学术角度，深入开展中华优秀传统文化教育研究，为中华优秀传统文化教育提供理论基础和学理支撑。第二部分：经典选编。从历代中华优秀传统文化典籍中精选名篇，按照经典简介、作者简介、选文、注释、翻译、解读等方面内容编写。第三部分：经典故事。从历代中华优秀传统文化典籍中精选经典故事，用讲故事的方式，普及中华优秀传统文化。因此，本系列读本既是中华优秀传统文化教育的理论学术研究成果，也是中华优秀传统文化教育的普及读本，为全国大中小学学生、教师和党政机关、企事业单位干部学习中华优秀传统文化提供的重要学习读物，也是在全国中小学教师中开展中华优秀传统文化教育培训，提高各级各类学校教师开展中华优秀传统文化教育能力的培训教材。

本课题在立项研究过程中得到中宣部文化名家暨"四个一批"人才自主选题资助项目的指导和帮助。在课题研究和系列读本的编写过程中，中宣部、教育部有关部门给予了大力支持和指导；北京大学、清华大学、中国人民大学、北京师范大学、陕西师范大学、西北大学、江苏师范大学、中国社会科学院、国家教育行政学院、北京汤用彤书院等院校的专家、教授参与研究和编写读本，在此一并致谢！这里，我还要特别感谢著名文化教育大家张岂之先生、楼宇烈先生，在著事繁忙中拨冗欣然为本系列读本作序推荐。这里，我还要特别感谢中国大百科全书出版社对本系列读本出版的大力支持和帮助，感谢刘国辉社长的高度重视，感谢编辑们的悉心编辑和付出的心血！由于水平有限，本系列读本在编写过程中还有不足，恳请各位专家和读者不吝指教！

翟　博

2020年1月